Gott hat uns seine Welt geschenkt

Peter Orth

Gott hat uns seine Welt geschenkt

24 Familiengottesdienste
Mit Tips für Vorbereitung und Gestaltung
sowie einem Liedanhang

Matthias-Grünewald-Verlag · Mainz

Meinen Kindern
Matthias, Hannah und Rebecca

 Der Matthias-Grünewald-Verlag ist Mitglied
der Verlagsgruppe engagement

Die Deutsche Bibliothek – CIP-Einheitsaufnahme

Orth, Peter:
Gott hat uns seine Welt geschenkt: 24 Familiengottesdienste; mit
Tips für Vorbereitung und Gestaltung sowie einem Liedanhang / Peter
Orth. – Mainz: Matthias-Grünewald-Verl., 1998
ISBN 3-7867-2120-3

Umschlagbild: © ZEFA/Rossi
Umschlaggestaltung: Matlik & Schelenz, Nieder-Olm
Satz: DTP-Service Eckstein & Co. KG, Nierstein/Rh.
Druck und Bindung: Wagner, Nördlingen

ISBN 3-7867-2120-3

Inhalt

Vorwort

Im Zuge der Liturgiereform, die sich an das Zweite Vatikanische Konzil anschloß, haben sich in vielen Gemeinden Familiengottesdienste als regelmäßiges Angebot sonntäglicher Gottesdienstfeier[1] etablieren können. Vielerorts – vor allem in größeren Städten mit mehreren Gottesdienstangeboten – werden solche Familiengottesdienste jeden Sonntag gefeiert. Andernorts entspricht die Praxis eher derjenigen in unserer Gemeinde: Einmal im Monat findet ein Familiengottesdienst statt; dabei wird die reguläre sonntägliche Eucharistiefeier an einem festen Sonntag im Monat als Familiengottesdienst gefeiert. Die Vorbereitung und die Durchführung dieser Gottesdienste lebt von dem Engagement der MitarbeiterInnen des Vorbereitungskreises[2] und der Kinderschola, die unsere Familiengottesdienste musikalisch gestaltet. Teilweise konnte auch ein Jugendchor in die Gestaltung miteinbezogen werden. Die Familiengottesdienste sind in der Regel besser besucht als die „normalen" Sonntagsgottesdienste – ein Hinweis darauf, daß ein Bedürfnis nach dieser Form von Gottesdienst besteht, und ein Indiz dafür, daß vor allem Familien mit Kindern bis etwa zwölf Jahren sich hier zu Hause fühlen.

Dieses Buch will die Arbeit solcher Vorbereitungskreise unterstützen. Dazu werden 17 ausgearbeitete Familiengottesdienste vorgestellt. Zu einigen Gottesdienstentwürfen werden zusätzlich Alternativ-Vorschläge beschrieben, um die Bandbreite der Gestaltungsmöglichkeiten anzudeuten und eine Auswahl anzubieten. Während der erste Entwurf jeweils vollständig ausgearbeitet ist, wird bei den wei-

---

[1] Ich spreche im Folgenden in der Regel von „Gottesdienst" oder „Familiengottesdienst". Gemeint ist dabei jeweils die Gottesdienstform der Eucharistiefeier, auch wenn diese nur eine mögliche Form in der Vielfalt der Gottesdienste darstellt. Entsprechend handelt es sich auch bei den vorgestellten Entwürfen jeweils um Eucharistiefeiern, mit einer Ausnahme: Der Bußgottesdienst „Nimm alles von uns…" ist in der vorgestellten Form ein reiner Wortgottesdienst. Eine Übersicht über andere mögliche Formen von Familiengottesdiensten finden Sie in Hermann-Josef Frisch, Leitfaden Kinder- und Familiengottesdienst, Düsseldorf 1992, S. 37–41.

[2] In unserer Gemeinde werden die Familiengottesdienste vorbereitet von einem Vorbereitungskreis, der sich aus dem Pfarrer, der Gemeindereferentin und mehreren ehrenamtlichen MitarbeiterInnen zusammensetzt. Dieser Kreis trifft sich jeweils einmal, manchmal zweimal, um die einzelnen Gottesdienste vorzubereiten.

teren Vorschlägen nur ein anderer Wortgottesdienstteil als Alternative aufgezeigt. Alle Familiengottesdienste wurden in der vorgestellten Form in unserer Gemeinde gefeiert und gut angenommen. Selbstverständlich können die Entwürfe nicht kritiklos übernommen und unbesehen in andere Gemeinden übertragen werden. Sie sind als Vorschläge anzusehen und flexibel auf die verschiedenen Situationen der einzelnen Gemeinden anzuwenden. Einzelne Teile lassen sich auch als Bausteine herausnehmen und in andere Zusammenhänge integrieren.

Darüber hinaus will das Buch aber auch grundsätzliche Anregungen für die Planung und Durchführung von Familiengottesdiensten geben. Es werden Regeln vorgestellt und Hinweise gegeben, die für die Praxis unserer Vorbereitungsarbeit wichtig geworden sind. Sie werden kommentierend zusammengestellt und können als Leitfaden für die Planung und Gestaltung von Familiengottesdiensten dienen.

Ich danke allen MitarbeiterInnen des Vorbereitungskreises der Gemeinde Sankt Pankratius in Mainz-Hechtsheim für ihre Anregungen, die teilweise in die Gottesdienstentwürfe mit eingeflossen sind.[3]

Peter Orth

---

[3] Es handelt sich dabei um folgende Gottesdienstentwürfe: „Advent – Zeit der Erwartung", „Advent – Ein Licht leuchtet in der Dunkelheit", „Fastnacht: Wir freuen uns" und „Fastenzeit: Hoffnung den Ausgegrenzten", „Gott – wie eine Mutter", „Daran erkennt man uns Christen" und „Wir packen unsere Koffer".

Einleitung

In vielen Vorbereitungsgruppen haben sich über die Jahre hinweg bestimmte Arbeitsweisen herausgebildet. Häufig laufen die Planungen recht flüssig und zügig ab, manchmal stockt der Planungsprozeß, und die Arbeit wird zäh. Folgendes Beispiel mag manche Gründe für ein solches stockendes Vorgehen klären helfen:

Nicht nur eine Anekdote
Die Situation: Vorbereitungskreis
Sechs Frauen und Männer treffen sich zur Vorbereitung des nächsten Familiengottesdienstes zum Thema „Erntedank". Erste Frage nach der Begrüßung: „Hat jemand etwas mitgebracht?" In der Tat: Nicht nur „jemand" hat etwas mitgebracht, gleich drei Leute haben ein Buch zum Thema oder Kopien von Vorschlägen dabei. Prima, einige haben sich also schon im Vorfeld des Vorbereitungstreffens Gedanken über den Gottesdienst gemacht. Also werden die Vorschläge direkt hintereinander vorgestellt. Danach tritt eine fast beklemmende Ruhe ein: Keiner sagt etwas, niemand weiß, wie es jetzt weitergehen soll. Keiner der Vorschläge konnte so überzeugen, daß sich alle spontan für einen entschieden hätten. Dann fragt jemand aus der Runde: „Ja, und was machen wir jetzt?" Nach einer erneuten längeren Pause kommen die ersten zaghaften Äußerungen: „Ja, wir könnten doch das Rollenspiel nehmen aus dem Vorschlag von A.; das hörte sich ganz gut an." Die nächste: „Ja, und ich fand das Gebet von B. ganz gut; das könnten wir doch auch nehmen." Reaktion des dritten: „Ooch, ich weiß nicht, so gut fand ich das nicht." So geht es eine Zeitlang weiter. Der Abend zieht sich langsam und zäh dahin. Am Ende stehen einige Vorschläge, die in den Familiengottesdienst integriert werden könnten. Aber noch fehlt dem Gottesdienst die klare Struktur, die Aussage und „das Gesicht". Ein zweites Treffen ist erforderlich.

So geht es häufig. – Wo aber liegt der Fehler?

Es ist ein häufiger Fehler, der sich in Vorbereitungskreisen einschleicht. Die TeilnehmerInnen lassen sich zu schnell von Vorlagen leiten; sie stürzen sich vorschnell auf verschiedene methodische Elemente und reihen diese – oft willkürlich und rein assoziativ – aneinander. Vergessen wird dabei die Frage: Welches Ziel haben wir? Was wollen wir *vermitteln?*

Dieser Fehler kann vermieden werden,

- wenn zu Beginn des Vorbereitungstreffens eine kurze Phase steht, in der sich die TeilnehmerInnen des Kreises darüber austauschen, was ihnen selbst am vorgesehenen Thema oder am Bibeltext wichtig ist. Ein Hören auf den Text, eine Stellungnahme oder eine Auseinandersetzung geben dem Glauben der Vorbereitenden eine Chance, laut zu werden.

- wenn nach der Klärung der subjektiven Glaubensstandpunkte die Fachwissenschaft (Exegese und Dogmatik) – auf verständliche Art und Weise – eingebracht wird. Dies darf nicht geschehen nach Art eines Korrektivs, dem sich jeder unterordnen muß, sondern eher als Hintergrundinformation und als Anfrage, als Reibefläche für den eigenen Glauben.

- wenn von dieser Basis ausgehend gefragt wird, was das Ziel des Gottesdienstes sein soll. Dies ist und bleibt eine zentrale Frage jeder Planung. Die Frage nach dem Ziel hat Vorrang vor den Inhalts- und Methodenfragen oder schwingt wenigstens als richtungweisende Perspektive bei allen inhaltlichen und methodischen Fragen mit.[4]

Die Vorbereitungsgruppe stellt sich beispielsweise die Frage: Welches Ziel wollen wir in einem Familiengottesdienst zum Erntedankfest erreichen?

- Ein mögliches Ziel könnte sein, die GottesdienstteilnehmerInnen für die ungerechte Verteilung der Güter in der Welt zu sensibilisieren und zur Hilfe zu motivieren. Auf den ersten Blick sicher eine Vorgabe, die angesichts der Nöte in unserer Welt und im Sinne universeller Solidarität wichtig ist.

Dagegen spricht aber, daß dies eher als Thema eines möglichen Jugendgottesdienstes in Frage kommt, da diese kritische Sicht von Welt gut zu der kritischen Phase der Pubertät paßt. Weniger ge-

---

[4] Was Wolfgang Klafki in der Schulpädagogik den „Primat der Intentionalität" bzw. die „didaktische Perspektive" nennt, gilt somit auch für den Bereich des Familiengottesdienstes.

eignet erscheint es dagegen für einen Familiengottesdienst angesichts der relativ großen Zahl von Kindern, die dort anzutreffen sind. Den Kindern fehlt in der Regel noch der weite Horizont, der für ein solches Thema nötig wäre. Sie leben noch zu stark in ihrem unmittelbaren Umfeld, als daß sie in solch globalen Zusammenhängen denken könnten. Und diese sehr kritische Sicht von Welt ist Kindern noch fremd.

Zwar muß ein solches Thema nicht generell von Kindern ferngehalten werden. Es sind ja noch andere Personengruppen außer den Kindern im Gottesdienst. Deshalb hat dieser Aspekt der ungleichen Güterverteilung sicher einen guten Platz in den Fürbitten oder in einem Bußakt, in dem warnend auf die satte Zufriedenheit vieler Menschen in unserem Land hingewiesen werden kann entsprechend dem Wort Jesu in Lk 12, 13–21 (das Beispiel von der falschen Selbstsicherheit des reichen Mannes). Aber der Familiengottesdienst an Erntedank sollte nicht unter diesem zentralen Thema stehen.[5]

– Zudem muß es im Ablauf des Kirchenjahres einen Raum geben, an dem das Lob des Schöpfers im Vordergrund stehen darf. Wenn wir Gott im ersten Satz des Glaubensbekenntnisses als „Schöpfer des Himmels und der Erde" bekennen, braucht es eine gottesdienstliche Feier, in der dieses Lob laut werden kann. Das Erntedankfest ist sicher der geeignete Platz dafür.

– Ein entsprechendes Ziel des Familiengottesdienstes könnte dann lauten: Die GottesdienstteilnehmerInnen sollen auf die wunderbare Schöpfung Gottes aufmerksam werden. Sie sollen als Antwort darauf ihren Glauben an Gott, den Schöpfer und Erhalter des Lebens, bekennen.[6]

Ein solches Ziel muß nicht exakt ausformuliert werden; der Vorbereitungskreis ist keine Gruppe von SchulreferendarInnen in der Ausbildung. Es genügt, wenn verschiedene Zielaspekte zusammen-

---

[5] Im Laufe des Kirchenjahres gibt es andere Zeitpunkte, an denen diese Thematik besser angesprochen werden kann – eventuell auch ausschließlich für die Erwachsenen. Es bietet sich beispielsweise der Missionssonntag an oder auch der Misereorsonntag in der österlichen Bußzeit.

[6] Vergleichen Sie hierzu den Gottesdienstentwurf mit dem Thema „Erntedank: Alles muß klein beginnen".

getragen und geklärt werden und wenn sich die Gruppe *begründet* für einen Aspekt entscheidet.

Dann kann nach inhaltlichen und methodischen Ideen gesucht werden. Dann können auch Vorlagen mit einbezogen werden, die die Arbeit erleichtern und anregen. Dies geschieht aber jetzt nicht mehr rein assoziativ und intuitiv, sondern im Rahmen eines bestimmten Zielhorizontes, über den die TeilnehmerInnen sich Rechenschaft abgelegt haben.

20 REGELN FÜR DIE PLANUNG UND DURCHFÜHRUNG

Das Beispiel sollte exemplarisch zeigen, daß sowohl bei der Planung als auch bei der Durchführung von Familiengottesdiensten bestimmte Regeln beachtet werden sollten. Solche Grundsätze können keine Wegweiser darstellen, denen man nur zu folgen braucht, um am Ende das „fertige Produkt: Familiengottesdienst" zu finden. Sie können aber die Funktion von Leitplanken übernehmen, die verhindern, daß man sich auf dem Weg der Planung verliert, und sie können helfen, einen guten gestalteten Weg durch die Familiengottesdienste zu bahnen.

Aus dem in der Einleitung Dargestellten lassen sich bereits die ersten beiden Regeln ableiten, die für die Planung von Familiengottesdiensten zu berücksichtigen sind.

1. Regel:
Planen Sie langfristig! Legen Sie in der Vorbereitungsgruppe für einen längeren Zeitraum die Themen der nächsten Familiengottesdienste fest und welche Bibeltexte für diese Gottesdienste ausgewählt werden.

Wenn zu Beginn einer Vorbereitungsrunde erst diskutiert werden muß, was überhaupt als Thema in Frage kommt oder welcher Bibeltext dem Gottesdienst zugrunde gelegt werden soll, dann geht kostbare Zeit verloren. Der Glaube der TeilnehmerInnen hat kaum eine Chance, laut zu werden; der Anfang wird stockend und mühsam und läßt für den Fortgang eher suchendes, zähes Ringen denn zügiges Planen erwarten. Ist aber das Thema oder der zugrundeliegende Bibeltext bereits im Vorfeld geklärt worden, dann ist jeder Teilnehmer in der Lage, sich vorab mit dem Thema oder dem Text auseinanderzusetzen, sich eigene Gedanken darüber zu machen und auch bereits entsprechende Literatur heranzuziehen.

2. Regel:
Vergessen Sie nicht, bei der Vorbereitung des Familiengottesdienstes auch zu überlegen, welche Zielrichtung Sie mit dem
Gottesdienst verfolgen! Greifen Sie nicht sofort zu den erstbe-
sten methodischen Vorschlägen! Suchen Sie nicht zuerst nach
scheinbar passenden Geschichten oder anderen Medien! Die
Zielperspektive ist für Ihre Planung wichtig und muß bedacht
werden – unabhängig von der Tatsache, daß ein Gottesdienst
nicht in erster Linie ein pädagogisch inszeniertes Geschehen,
sondern Danksagung und erinnernde Feier der Gemeinde ist.

Planung kennt keine starre Abfolge, nach der zuerst die Ziele, dann
die Inhalte, dann die Methoden und schließlich die Medien überlegt
und entschieden werden müssen. Planung kann deswegen auch an
einem konkreten Inhalt oder einem konkreten Medium ansetzen. Die
alle Entscheidungen leitende Perspektive ist aber letztlich die Zielperspektive. Sie ist deswegen von Beginn an mit zu bedenken!
Bei der Klärung der Zielvorgabe ist bereits der besondere Adressatenkreis von Familiengottesdiensten zu beachten. Im Unterschied zur
„normalen" Eucharistiefeier am Sonntag werden im Familiengottesdienst vor allem Familien angesprochen, die mit ihren kleinen und
großen Kindern, seltener mit den Jugendlichen, den Gottesdienst
besuchen. Der Familiengottesdienst versucht darum, vor allem die
Gruppe der Kinder anzusprechen und miteinzubeziehen. Allerdings
ist der Familiengottesdienst kein (Klein-)Kindergottesdienst. Es kommen ebenso viele Erwachsene, mit und ohne Familie, die eigene be-
rechtigte Erwartungen an den Gottesdienst haben. Deswegen genügt es nicht, nur die Kinder in die Gestaltung des Gottesdienstes
mit einzubeziehen. Statt dessen lebt der Familiengottesdienst gerade davon, daß einerseits die Kinder stärker als im „normalen" Gottesdienst mit einbezogen werden, andererseits aber auch die Gruppen der Jugendlichen und der Erwachsenen, einschließlich der Senioren, nicht unberücksichtigt bleiben. Der Familiengottesdienst
zeichnet sich gerade dadurch aus, daß gestalterisch ein Kompromiß
zwischen der Ausrichtung auf Kinder und Erwachsene gefunden
wird.[7] Daraus folgt die

3. Regel:
In den Familiengottesdiensten werden die Kinder besonders be-
rücksichtigt. Andererseits ist der Familiengottesdienst gerade
kein Kindergottesdienst! Versuchen Sie deswegen, *alle* Altersgruppen anzusprechen beziehungsweise in den Familiengottesdienst einzubeziehen!

Aus dem Zusammensein und dem Berücksichtigen aller verschiedenen Altersgruppen lassen sich noch *weitere ergänzende Regeln* ableiten, die den Grundsatz konkretisieren.

In Familiengottesdiensten richtet sich die Katechese in erster Linie
an die Kinder. Viele Erwachsene verfolgen diese stärker elemen-
tarisierte Auseinandersetzung mit biblischer Botschaft interessiert,
da sich auch ihnen dadurch manche neuen Perspektiven eröffnen.
Bei anderen Erwachsenen ist ein Abschalten zu vermuten oder zu
beobachten, wenn sich die Katechese direkt an die Kinder richtet
und Kinder in das Gespräch einbezieht.[8] Um diesem „Abschalten"
zu wehren, werden möglichst alle Altersgruppen direkt angesprochen.

4. Regel:
Sprechen Sie in der Katechese nicht nur die Kinder an! Richten
Sie das Wort nach Möglichkeit auch direkt an die Gruppe der
Jugendlichen und der Erwachsenen! In manchen Fällen kann
diese Aufgabe ein zweiter Katechet/eine zweite Katechetin übernehmen; dann wird der Wechsel der Ansprechpartner noch einmal deutlicher. Achten Sie aber in diesen Fällen darauf, daß eine

---

[7] Vergleichen Sie hierzu Hermann-Josef Frisch, a.a.O., S. 46 f.
[8] Ich versuche dabei, die Kinder direkt in das Mikrophon sprechen zu lassen und
ziehe diese Art des Gesprächs dem wörtlichen oder sinngemäßen Wiederholen der
Antworten durch den Katecheten vor. Dies vermittelt den Kindern eher den Eindruck, daß ihre Antworten ernst genommen werden – so ernst, daß sie von jedem
Gottesdienstteilnehmer laut gehört werden. Ich beschränke mich nur dort auf das
Wiederholen der Kinderantworten, wo ich aufgrund der Länge der Mikrophon-
schnur oder des ungünstigen Sitzplatzes nicht in angemessener Zeit zu dem Kind
kommen kann.

solche „Kurzpredigt" für die Kinder nicht zu lang und der Familiengottesdienst dadurch nicht zu sehr in die Länge gezogen wird!

An anderer Stelle läßt sich das Einbeziehen aller Altersgruppen noch leichter verwirklichen: Die Fürbitten können jeweils von einem Kind, einem Jugendlichen, einem Erwachsenen und einem älteren Menschen vorgetragen werden. Persönlicher werden diese Fürbitten, wenn Sie vor dem Gottesdienst jeweils den vorformulierten Anfang einer Fürbitte an einen Vertreter dieser Altersgruppe geben und darum bitten, die Fürbitte fertig zu formulieren.[9]
Jeder, der mit Kindern Gottesdienste feiert, weiß um die Probleme, die Kinder mit den allermeisten Liedern aus dem Gotteslob haben. In Kindergottesdiensten wird deswegen weitgehend auf das neue geistliche Lied zurückgegriffen. Gerade am Familiengottesdienst nehmen aber auch viele ältere Menschen teil, denen wiederum dieses Liedgut fremd ist und die lieber die traditionellen Lieder aus dem Gesangbuch singen. Für die Jugend im Gottesdienst stellt sich das Problem noch einmal anders dar: Sie lehnen häufig die Lieder aus dem Gotteslob ab, können sich aber auch mit vielen Kinderliedern und ihren oft einfachen Texten nicht mehr anfreunden.

5. Regel:
Sorgen Sie dafür, daß sich durch die Lieder im Familiengottesdienst alle Altersgruppen zu Hause fühlen! Sie sollten deswegen einerseits Lieder aus dem neuen geistlichen Liedgut aufnehmen, die die Kinder gerne singen. Wenn es eine Schola in

---

[9] Es hat sich in unserer Praxis als sinnvoll erwiesen, den Kindern die Fürbitte ein oder zwei Tage vorher auszugeben. Sie können dann zu Hause in Ruhe überlegen, wofür sie bitten wollen. Daß dabei die Eltern möglicherweise als Ratgeber mit einbezogen werden, erweist sich als günstiger Nebeneffekt, fördert es doch das religiöse Gespräch in der Familie. Dann kann auch hingenommen werden, daß die „ankommenden" Formulierungen nicht immer die Formulierungen der Kinder sind. – Vergleichen Sie beispielsweise den Gottesdienstentwurf mit dem Thema „Spuren".

der Gemeinde gibt, können diese Lieder zusammen mit der Schola gesungen werden. Andererseits sollten Sie auch Lieder auswählen, die musikalisch und sprachlich anspruchsvoller sind und eher den Geschmack der Jugendlichen treffen. In manchen unserer Familiengottesdienste hat eine Jugendschola mitgesungen und so geholfen, die Altersgruppe der Jugendlichen besser zu integrieren. Darüber hinaus dürfen auch die traditionellen Lieder aus dem Gotteslob nicht fehlen, die vor allem viele Erwachsene und ältere GottesdienstteilnehmerInnen mögen![10]

Ein weiterer Gesichtspunkt ist in diesem Zusammenhang wichtig: Viele Jugendliche und Erwachsene empfinden die Sprache von Gebeten und Texten im Gottesdienst häufig als (lebens-)fremd. Ihr Lebensgefühl und ihr Alltag lassen sich oft in binnenkirchlicher Hochsprache nicht einfangen und ins Wort bringen. Die Sprache trifft nicht und vermag nicht anzurühren. Dies gilt noch mehr für Kinder, wie das folgende Beispiel zeigt. Es ist der Anfang einer Fürbitte, die ein Kind vorliest; er lautet: „Wer in Gott begründet ist...". Zweierlei wird allein aus diesen wenigen Worten deutlich; erstens: So spricht ein Kind niemals (wir Erwachsene vermutlich auch nicht!)! Zweitens: Die Fürbitte ist von einem Erwachsenen für das Kind formuliert worden, und das Kind liest sie mehr oder weniger stockend vor, da es den Sinn der Bitte nicht richtig verstanden hat.

Wenn sich jemand im Gottesdienst heimisch fühlen soll, dann braucht es eine Sprache, die verstanden wird und die mir auch sonst im Leben begegnet. Es darf nicht die vulgäre Sprache der Straße sein, aber es darf genausowenig eine Sprache sein, die mit literarisch geschliffenen Redewendungen gespickt ist. Deshalb eine weitere

6. Regel:
Sprechen Sie in Gebet und Katechese so, daß nicht nur die Erwachsenen, sondern vor allem die Kinder Sie verstehen. Spre-

---

[10] Vergleichen Sie beispielsweise den Gottesdienstentwurf mit dem Thema „Spuren".

chen Sie dazu so, „wie Ihnen der Schnabel gewachsen ist". Wie
sonst wollen Sie Ihr Leben vor Gott aussprechen? Dabei vermeiden Sie bitte vulgäre und literarisch hochgestochene Sprache.

Im Hinblick auf den Adressatenkreis ist noch ein weiterer Gesichtspunkt zu beachten: Nach unseren Beobachtungen besuchen die evangelischen PartnerInnen aus konfessionsverschiedenen Ehen häufiger die Familiengottesdienste als andere sonntägliche Gottesdienst-
feiern. Dem sollten Sie gerecht werden.

7. Regel:
Denken Sie an die konfessionsverschiedenen Familien!
– Wählen Sie mit Rücksicht auf die anwesenden evangelischen
  ChristInnen aus dem Gotteslob möglichst die Lieder aus, die
  mit einem „ö" gekennzeichnet sind und damit ausgewiesener-
  maßen zum ökumenischen Liedgut gehören.
– Schließen Sie den Lobspruch am Ende des Vaterunsers direkt
  an das Gebet an ohne den sogenannten „Embolismus", die
  Einfügung, die der Pfarrer sonst alleine betet. So wird das Va-
  terunser in den evangelischen Gottesdiensten gebetet.

Wenn sich der Familiengottesdienst auch und gerade dadurch aus-
zeichnet, daß auf die schwächsten Mitglieder der Gemeinde, die Kinder, besondere Rücksicht genommen wird, dann heißt das auch, daß
sie in ihrer Auffassungsgabe und -fähigkeit nicht überfordert werden dürfen. Der Frage nach ihrer Motivation und Aufmerksamkeit
ist statt dessen besondere Beachtung zu schenken. Auch hieraus lassen sich verschiedene Grundsätze der Gestaltung unserer Familiengottesdienste ableiten.
Das bewußte Berücksichtigen der Altersgruppe der Kinder hat zur
Folge, daß die Vorbereitungsgruppe zwar von den vorgegebenen
Tageslesungen ausgeht, sich aber auch die Freiheit nimmt, andere
biblische Texte als Lesung oder Evangelium auszuwählen. Die Bibel
ist entstanden als ein Buch für Erwachsene. Kinder als Adressaten

waren ursprünglich nicht vorgesehen. Deswegen bleiben bestimmte Texte den Kindern unverständlich und unklar. Auch eine Elementarisierung durch eine kurze Katechese stößt häufig an Grenzen, die im Rahmen eines Gottesdienstes nicht überschritten werden können.

8. Regel:
Prüfen Sie in der Vorbereitung des Familiengottesdienstes, ob die in der Leseordnung vorgegebenen oder in einem Modell vorgeschlagenen Tageslesungen beziehungsweise das Evangelium der Auffassungskraft der Kinder entsprechen oder ob sie sich so elementarisieren lassen, daß die Kinder sie verstehen können! Ist dies nicht der Fall, ersetzen Sie den Text durch einen anderen![11]

Die Konzentrationsfähigkeit und die Auffassungsgabe der Kinder werden ebenfalls überstrapaziert, wenn im Gottesdienst mehr als eine Lesung vorkommt. Dies wird deutlich beispielsweise in den Gesprächen, die sich an Lesung oder Evangelium anschließen: Gefragt, was sie noch von dem eben Gehörten wissen, vermögen viele Kinder nichts oder nur Bruchstücke wiederzugeben. Das mag bedauert oder der mangelnden Fähigkeit zuzuhören angelastet werden, aber es ist als Faktum ernst zu nehmen. Wenn das aber schon bei einer Lesung der Fall ist, um wieviel mehr dann bei zwei Lesungen.

---

[11] Im „Direktorium für Kindermessen" 1973, Nr. 43 wird diese Möglichkeit ebenfalls erwähnt: „Wenn alle Tageslesungen für die Kinder wenig geeignet erscheinen, dürfen die Lesungen beziehungsweise die Lesung beliebig aus dem Lektionar oder aus der Heiligen Schrift ausgewählt werden, wobei die liturgischen Zeiten zu beachten sind." Das Direktorium für Kindermessen finden Sie in der Arbeitshilfe Nr. 77, die vom Sekretariat der Deutschen Bischofskonferenz herausgegeben wird unter dem Titel „Die Meßfeier – Dokumentensammlung", 5. Auflage 1995, S. 145–161. Sie kann entweder direkt vom Sekretariat bezogen werden (Kaiserstr. 163, 55113 Bonn) oder beim Bischöflichen Ordinariat oder Generalvikariat der Heimatdiözese.

9. Regel:
Beschränken Sie sich im Familiengottesdienst auf eine Lesung oder auf das Evangelium! Zwei Lesungen überfordern die Kinder. Dieser Hinweis gilt auch, wenn der biblische Text durch eine zusätzliche Geschichte anschaulich gemacht oder erläutert werden soll. Muten Sie den Kindern in der Regel nicht mehr als eine Geschichte zu! Weniger ist mehr, wenn dieses wenige intensiv angesprochen und erlebt wird!

In die gleiche Richtung zeigt ein weiterer ergänzender Hinweis: In der Regel enthält jedes Thema viele verschiedene Aspekte, viele verschiedene Facetten. Erwachsenen GottesdienstteilnehmerInnen kann ein Prediger durchaus mehrere solcher Aspekte zumuten. Kinder werden durch solche Vielschichtigkeit aber überfordert; sie können nicht bei einem Gedanken verweilen und erkennen oft Zusammenhänge nicht. Statt viele Gedanken in immer gleicher Weise darzustellen, ist es meist sinnvoller, denselben Gedanken auf verschiedene Weise anzusprechen.

10. Regel:
Sprechen Sie in Ihren Familiengottesdiensten nicht alle möglichen Aspekte eines Themas an, sondern betonen Sie einen, höchstens zwei Aspekte, die für das Thema zentral sind. Nur so ist gewährleistet, daß ein großer Teil der Kinder den Gedanken folgen kann.

Natürlich ist auch die Frage der Präsentation für die Aufmerksamkeit der Kinder – wie aller GottesdienstteilnehmerInnen – entscheidend. Ein biblischer Text aus einer fremden Zeit, vorgetragen in einer Hochsprache mit manchmal unverständlichen Begriffen, wird von den Kindern natürlich nicht so gut verstanden wie ein Text, der in der Sprache der Kinder klar und verständlich redet. Er rauscht als Wortschwall an den Kindern vorbei.

11. Regel:
Präsentieren Sie den Text so, daß er von allen aufgenommen werden kann! Dort, wo es möglich ist, passen Sie den biblischen Text der Auffassungsgabe der Kinder an! Beachten Sie dabei: Anpassen heißt nicht: verfälschen! Der Sinn des Textes und seine Absicht dürfen nicht verändert werden! Der Text sollte auch als *biblischer* Text erkennbar bleiben![12] Sie können zum Beispiel

- den biblischen Text mit Ihren Worten erzählen,
- unbekannte Begriffe durch bekanntere ersetzen, oder
- Textpassagen kürzen, wenn dadurch nicht der Sinn des Textes verstellt wird.[13]

In unseren Familiengottesdiensten haben wir auch gute Erfahrungen gemacht, wenn die *eine* Lesung oder das *eine* Evangelium durch mehrere kurze, in sich verständliche Worte ersetzt worden ist. So sind wichtige, inhaltlich zusammengehörende Sätze der Bibel zusammengestellt und in den Verlauf der Katechese Stück für Stück eingebaut worden. Kurze Worte aus der Bibel werden von den Kindern besser aufgenommen als ein längerer Text.

---

[12] Vergleichen Sie auch hierzu das Direktorium für Kindermessen 1973, Nr. 43: „Wenn es mit Rücksicht auf das Verständnis der Kinder notwendig erscheint, den einen oder anderen Vers der biblischen Lesung auszulassen, soll dies nicht leichthin geschehen und so, daß der Sinn des Textes oder die Absicht und der Stil der Schrift nicht entstellt werden."
Der biblische Text wird in der Regel als besonderer Text deutlich, indem er vom Priester oder Diakon vorgelesen wird. In dem Gottesdienstentwurf 5.1 zu „Noach" wird der Noach-Text, der zum Vorlesen viel zu lang ist, vom Katecheten erzählt. Um hierbei den Charakter des Textes herauszuheben, wird zu Beginn der Erzählung die Bibel hochgehoben und gezeigt.
[13] Vergleichen Sie beispielsweise den Gottesdienstentwurf mit dem Thema „Noach", in dem der biblische Text erzählt wird, oder die Alternative mit dem Thema: „Wir danken dir, Gott, Schöpfer der Welt", in dem der lange Text in Gen 1,1 – 2.4a gekürzt worden ist.

> 12. Regel:
> Mehrere kurze, inhaltlich zusammengehörende und in sich verständliche Worte der biblischen Botschaft können die Katechese so strukturieren, daß den Kindern das Verstehen leichter fällt und ihre Aufmerksamkeit erhöht wird.[14]

Zudem wird allein durch den Wechsel zwischen dem Pfarrer/Kaplan/ Diakon..., der die biblischen Worte liest, und der Katechetin, die zu den biblischen Worten hinführt bzw. mit den Kindern deren Sinn erschließt, die Katechese an Bewegung gewinnen. Schon der Wechsel der sprechenden Personen – und damit auch der Wechsel des Ortes: der Gottesdienstleiter steht am Ambo neben dem Altar, der Katechet/die Katechetin steht in der Mitte vor dem Altar –, weckt Aufmerksamkeit und motiviert zum Zuhören. Dies erweist sich grundsätzlich in allen Familiengottesdiensten als Vorteil.

> 13. Regel:
> Allein dadurch, daß die Katechesenteile und die Lesung von verschiedenen Personen übernommen werden, kommt „Bewegung" und Abwechslung in den Familiengottesdienst und wird Aufmerksamkeit geweckt.

Zur Frage der Präsentation gehört noch ein weiterer Gesichtspunkt, der so wichtig ist, daß er eigens betont werden soll. Die Wahrnehmungspsychologie weiß schon lange, daß Menschen um so aufmerksamer sind und Dinge um so besser wahrnehmen und behalten, je mehr Sinneskanäle angesprochen werden. Vor allem erhöht Anschaulichkeit die innere Aktivierung und die Behaltensquote. Nicht nur Kinder, auch die meisten Erwachsenen sind aufmerksamer und können sich Aufgenommenes besser merken, wenn sie nicht nur etwas hören, sondern zugleich etwas sehen. Es ist deswegen schon

---

[14] Vergleichen Sie beispielsweise den Gottesdienstentwurf mit dem Thema "Wir packen unsere Koffer".

unverständlich, daß in den allermeisten Predigten in den „normalen" Gottesdiensten solche visuellen „Hilfen" fehlen; angesichts der
vielen Kinder in den Familiengottesdiensten bleibt es aber grundsätzliche Forderung.

14. Regel:
Beschränken Sie sich in den Familiengottesdiensten nicht nur
auf das gesprochene Wort! Visualisieren Sie statt dessen alles,
was sich sichtbar machen läßt!
– Bringen Sie ins Bild, was anzuschauen ist![15]
– Zeigen Sie, was sich mitbringen läßt![16]
– Geben Sie in die Hand, was sich angreifen und befühlen läßt![17]

Gottesdienstgestaltung braucht eine bestimmte Form, ein vorgege-
benes Muster, einen festgelegten Ritus. In einer weltumspannenden
Kirche zeigt mir allein die Form des Gottesdienstes, auch wenn ich
sonst kein Wort verstehe, daß ich in einem katholischen Gottesdienst
„zu Hause" bin. Diese Wiederkehr des Immer-Gleichen hilft, sich
beheimatet zu fühlen. Das ist vor allem für Kinder wichtig; gerade
Kinder brauchen bis in ihre Tagesabläufe hinein eine gewisse
Rhythmisierung, die das Gefühl des Bekannt- und Vertraut-Seins vermittelt. Das ist für den Gottesdienst nicht anders. Andererseits ist auch
der „normale" Gottesdienstablauf eher im Hinblick auf Erwachsene
gestaltet worden; Kinder standen hier weniger Pate. Deshalb bleibt
Kindern vieles unverständlich, erzeugt die Wiederkehr des Unver-
standenen eher Monotonie und Langeweile als das Gefühl des
Vertrautseins.[18] Zwischen diesen beiden Polen muß der Familiengottesdienst zu vermitteln suchen. Die Gestaltung des Familiengottesdienstes kann darum nicht bloßer subjektiver Willkür unterlie-

---

[15] Vergleichen Sie beispielsweise den Gottesdienstentwurf mit dem Thema „Wir gehen unseren Weg mit Gott".
[16] Vergleichen Sie beispielsweise den Gottesdienstentwurf mit dem Thema „Wir pakken unsere Koffer".
[17] Vergleichen Sie beispielsweise den Entwurf für den Bußgottesdienst.
[18] Vergleichen Sie hierzu das Direktorium für die Kindermessen 1973, Nr. 2: „Für die
kirchliche Unterweisung der Kinder liegt eine besondere Schwierigkeit darin, daß

gen; der Ritus des Gottesdienstes bleibt Richtschnur. Dieser Ritus ist andererseits so flexibel zu handhaben, daß damit aufkommender Langeweile entgegengesteuert wird und Motivation und Aufmerksamkeit aufgebaut werden können.

15. Regel:
In Ihren Familiengottesdiensten muß der Ritus der Eucharistiefeier erkennbar bleiben! Sie dürfen und müssen aber diesen Ritus so variieren, daß der Gottesdienst interessant bleibt und der Ablauf Aufmerksamkeit erzeugt!

Diese flexible Gestaltung betrifft in unseren Gottesdiensten vor allem die Einführung und den Wortgottesdienstteil. In der Regel bleibt der Ritus der Eucharistiefeier ab der Gabenbereitung unverändert erhalten[19]; im ersten Teil dagegen wird umgestellt oder gekürzt. Am Beispiel „Bußakt" läßt sich solch variierendes Vorgehen verdeutlichen:

• Gegenüber dem Trend unserer modernen Zeit, das Thema Schuld oder Sünde zu verdrängen, ist es sicher Aufgabe der Kirche, den unvermeidlichen „Schatten" des Menschen – die Schuld, die jeder mit sich trägt – im Bewußtsein wachzuhalten. Auch z. B. das Gleichnis vom schuldbewußten und reumütigen Zöllner in Lk 18, 13f deutet darauf hin, daß wir uns Gott nicht in hochmütiger und selbstgerechter Gesinnung und Haltung nähern sollten. Deshalb hat der Bußakt in der Einführung des Gottesdienstes sicher seine Berechtigung. Er hat auch seinen Platz in einem Teil unserer Familiengottesdienste.[20]

---

die gottesdienstlichen Feiern – vor allem auch der Eucharistie – die ihnen innewohnende pädagogische Wirksamkeit für Kinder nicht voll entfalten können. Wenn die Meßfeier auch in der Muttersprache gehalten werden darf, sind doch die Worte und Zeichen der Fassungskraft der Kinder nicht genügend angepaßt."

[19] Eine Ausnahme stellt der Familiengottesdienst zum Osterfest „Jesus lebt" dar. Hier wurde der Friedensgruß nach vorne gezogen und an den Bußakt angeschlossen.

[20] Vergleichen Sie beispielsweise den Gottesdienstentwurf mit dem Thema „Jesus lebt".

- Andererseits haben vor allem Kinder noch kein ausgeprägtes Schuldbewußtsein, das unabhängig von bestimmten Taten existiert. Für sie bleibt deshalb dieser Teil des Ritus oft unverständlich. Aus diesem Grund scheuen wir nicht davor zurück, in vielen Familiengottesdiensten den Bußakt zu streichen.

- Ein dritter Weg ist denkbar und hat sich in unserer Praxis bewährt: Wir verbinden in manchen Gottesdiensten den Bußakt mit den Fürbitten. Das bietet sich dort an, wo sich Bußbesinnung und Fürbitten aufeinander beziehen lassen, der inhaltliche Zusammenhang klar wird und der Charakter der Fürbitten als allgemeines Gebet für die gesamte Welt und die ganze Menschheit nicht verlorengeht. Gerade dort, wo in der Bußbesinnung die fehlende helfende Tat oder das Nicht-zur-Kenntnis-Nehmen von Not und Elend angesprochen werden und in den Für-bitten für die notleidenden Menschen gebetet wird, wird dieser Zusammenhang deutlich und legt sich das Zusammenlegen beider nahe.[21]

Der Ritus der Eucharistiefeier bleibt auch dadurch erkennbar, daß bestimmte Teile des Gottesdienstes vom Gottesdienstleiter übernommen werden. Das können der Pfarrer, der Kaplan, der Diakon oder PastoralreferentIn oder GemeindereferentIn sein. Sie übernehmen in der Regel die Begrüßung, das Tagesgebet und das Gebet nach Kommunion und Danklied, die Rahmung der Fürbitten und vor allem die Lesung oder das Evangelium. Besonders wichtig ist dabei der Wechsel zwischen der Lesung und den Katecheseteilen (vgl. 13. Regel).

Weiterhin sei auf eine spezielle Möglichkeit hingewiesen, Aufmerksamkeit zu erzeugen. Aufmerksamkeit und Neugierde treten überall dort auf, wo der gewohnte Ablauf unterbrochen wird. Verzögerungen, Irritationen, Außergewöhnliches oder gar Provokationen können solche Unterbrechungen bewirken. Sie sind – allerdings eher als Ausnahmefall – auch im Ablauf eines Familiengottesdienstes einsetzbar.

---

[21] Vergleichen Sie beispielsweise den Gottesdienstentwurf mit dem Thema „Daran erkennt man uns Christen".

16. Regel:
Gelegentlich können Sie die Aufmerksamkeit aller TeilnehmerInnen am Familiengottesdienst auch wecken, indem Sie Ungewohntes, Provozierendes oder Irritierendes in den Ablauf einplanen.[22]

Ein Merkmal des Familiengottesdienstes mag auch in der Aktivierung der verschiedenen Teilnehmergruppen bestehen. Dabei ist nicht nur an eine innere Teilnahme am Gottesdienst gedacht – das ist Ziel jeder gottesdienstlichen Feier. Gedacht ist vielmehr an das aktive Einbringen und Mitgestalten durch möglichst viele Menschen aller Altersgruppen. Gedacht ist auch nicht nur daran, TeilnehmerInnen dadurch aktiv in den Gottesdienst mit einzubeziehen, indem sie eine Fürbitte, einen Bußgedanken oder ähnliches vorlesen. Es wird darüber hinaus in unseren Vorbereitungen immer wieder die Frage gestellt: Wie können mehr TeilnehmerInnen aktiv in den Gottesdienst einbezogen werden? Bei dieser Frage muß sicher davon ausgegangen werden, daß ein großer Teil der Gottesdienstteilnehmer gar nicht aktiv in den Gottesdienst eingreifen will. Sie sind damit zufrieden, den Gottesdienst innerlich mitzuvollziehen. Und je größer die Gottesdienstgemeinde ist, um so mehr werden sich viele Menschen in diese „Anonymität" des „nur" Teilnehmenden zurückziehen. Andererseits weiß die neuere Theologie wieder um die Bedeutung des individuellen Zeugnisses jedes einzelnen Christen (nicht nur des hauptamtlichen Seelsorgers). Und sie weiß wieder um die Bedeutung des biographischen Momentes, das auch im Gottesdienst seinen Platz haben kann. Unabhängig von der Frage, wie dies konkret in der Gestalt Praxis annehmen kann, bleibt als

17. Regel:
Versuchen Sie, möglichst viele TeilnehmerInnen in den Familiengottesdienst mit einzubeziehen! Je aktiver eine große Anzahl

---

[22] Vergleichen Sie beispielsweise den Gottesdienstentwurf mit dem Thema „Wir pakken unsere Koffer", in dem ein unerwartetes Eingangslied gesungen wird.

an GottesdienstteilnehmerInnen wird, um so lebendiger wird Ihr Familiengottesdienst. Je mehr Individuelles Sie mit in den Gottesdienst hineinnnehmen können, um so stärker wird Ihr Gottesdienst bezogen sein auf die reale Situation der Menschen in dieser Kirchengemeinde.

Sicher gibt es kein Patentrezept, wie eine solche Forderung in der Praxis Gestalt annehmen kann. In einigen unserer Gottesdienste hat sich bewährt, vor dem Gottesdienst kleine Zettel mit vorgegebenen Aufgaben auszuteilen, die noch vor dem Beginn der Feier ausgefüllt und eingesammelt wurden. Sie konnten dann als persönliche Ansichten oder Glaubensaussagen in den Gottesdienst einbezogen werden.[23] Für einen Familiengottesdienst hatten wir diese Zettel schon einige Tage vor dem Sonntag ausgeteilt mit der Bitte, sie mit in den Gottesdienst zu bringen. Die Betroffenen hatten dadurch mehr Zeit, sich ihre Antworten zu überlegen, möglicherweise auch mit jemand anderem zu besprechen.[24]

Jeder Gottesdienst ist – auch bei schlichten äußeren Formen – eine „Feier". In der gottesdienstlichen Versammlung feiert die Gemeinde die Gegenwart des Herrn, die heilbringenden Taten Gottes und die Hoffnung, die sich mit Gott verbindet. Solche gottesdienstliche Feier wird auch für die Kinder um so ansprechender, je mehr sie in einer frohen und festlichen Atmosphäre geschieht. Für die Planung und Durchführung von Familiengottesdiensten bleibt eine zentrale Frage, wie sich eine solche Atmosphäre schaffen läßt, so daß davon Kopf und Herz der TeilnehmerInnen gleichermaßen angesprochen werden können.

---

[23] Vergleichen Sie beispielsweise die Gottesdienstentwürfe mit den Themen „Advent – Zeit der Erwartung" und „Das angstfressende Riesenkrokodil, oder: Was mache ich mit meiner Angst?"

[24] Vergleichen Sie beispielsweise den Gottesdienstentwurf mit dem Thema „Spuren".

18. Regel:
Der Familiengottesdienst lebt durch seine frohe und festliche Atmosphäre. Überlegen Sie deshalb bei der Planung, durch welche gestalterischen Elemente nicht nur der Verstand, sondern auch das Herz der Kinder und aller TeilnehmerInnen angesprochen werden kann!

In diesem Zusammenhang sei noch einmal auf die bewegende Kraft der Musik und der Lieder verwiesen.[25] Viele unserer Familiengottesdienste leben gerade davon. Elan und Schwung stellen sich über Lieder am schnellsten ein. Manche Lieder bringen direkt Bewegung in den Gottesdienst, wenn die Kinder – und nicht nur sie – dazu klatschen oder sich dazu bewegen. Das Lied „Er hält die ganze Welt in seiner Hand" ist sicher eines der älteren und bekanntesten solcher Bewegungslieder. Wo sich Möglichkeiten bieten, können auch Kinder kleine Tanzschritte zu den Liedern mitmachen.[26] Aber Lieder „bewegen" selbst dann, wenn keine sichtbaren Bewegungen ausgeführt werden. Gute Erfahrungen haben wir in unseren Gottesdiensten mit vielen Kanons gemacht. Sie bieten sich aus verschiedenen Gründen an: Zum einen sind sie in der Regel relativ kurz und damit schnell gelernt. Zum anderen sind die Gestaltungsmöglichkeiten durch die Einteilung der Stimmen nach Sitzordnung, Geschlecht oder Alter größer als bei normalen Liedern. Zudem werden viele von ihnen auch von Erwachsenen in den „normalen" Gottesdiensten gerne gesungen.
Gerade solche kurzen Kanons oder Liedrufe bieten sich auch an, als Leitfaden durch die Katechese zu führen. Unsere bewegendsten Familiengottesdienste waren vielleicht die, in denen ein Kanon oder

---

[25] Vergleichen Sie oben die 5. Regel. Vgl. Sie auch das Direktorium für Kindermessen von 1973, Nr. 30: „Wenn der Gesang schon für jede liturgische Feier von großer Bedeutung ist, so gilt dies wegen der besonderen Empfänglichkeit der Kinder für die Musik gerade auch von den Kindermessen" und – so ist zu ergänzen – für die Jugendgottesdienste.

[26] Tanzen im Gottesdienst ist für viele TeilnehmerInnen noch sehr ungewohnt. Es sollte deshalb mit der nötigen Sorgfalt vorgegangen und kein Gottesdienstteilnehmer unter Druck gesetzt werden, mittanzen zu müssen.

ein kurzer Liedruf die Katechese immer wieder unterbrochen oder besser: gut gegliedert hat. Dadurch kam Abwechslung gerade in den Teil des Gottesdienstes, der für viele Kinder der schwierigste ist. Das längere Stillsitzen und Zuhören wurde für die Kinder leichter, wenn die verbalen Teile kürzer waren und unterbrechende Lieder für Abwechslung und Aktivierung sorgten.

19. Regel:
Nutzen Sie die Kraft der Lieder in Ihren Familiengottesdiensten! Durch sie bringen Sie Bewegung, Abwechslung und Aktivierung in den Gottesdienst hinein.[27]

Einen weiteren positiven Akzent zu unseren Familiengottesdiensten setzten die MeßdienerInnen in unserer Pfarrgemeinde. Sie wollten die Gruppenkasse etwas aufbessern und beschlossen deswegen, nach den Familiengottesdiensten Kaffee und selbstgebackenen Kuchen zu verkaufen. Wer wollte, konnte nach dem Familiengottesdienst noch etwas stehenbleiben, einen Kaffee trinken oder ein Stück Kuchen essen oder den Kuchenbedarf für den Sonntagnachmittag decken. Diese Praxis wurde von der Gottesdienstgemeinde schnell positiv angenommen, so daß sie mittlerweile zu einem festen Bestandteil des Familiengottesdienstes geworden ist. Die Resonanz darauf ist so gut, daß sich daraus ein weiterer Grundsatz ableiten läßt:

20. Regel:
Sorgen Sie dafür, daß die Familien, die das wollen, nach dem Gottesdienst noch Anlaß und Raum haben, etwas zusammenzubleiben! Es fördert die Atmosphäre und die Gemeinschaft derer, die sich in dieser Form des Gottesdienstes zu Hause fühlen.

---

[27] Vergleichen Sie beispielsweise den Gottesdienstentwurf mit dem Thema „Fastenzeit: Hoffnung den Ausgegrenzten".

FAMILIENGOTTESDIENSTE IM ABLAUF DES KIRCHENJAHRES

Advent
Zeit der Erwartung

Eingangslied: Wir sagen euch an den lieben Advent (GL = Gottes-lob, Nr. 115, 1. Str.)
(Da das Lied mit nur einer Strophe sehr kurz ist, hat eine Teilnehme-rin aus dem Vorbereitungskreis noch drei weitere Strophen mitge-bracht – Quelle unbekannt:)

Wir sagen euch an den lieben Advent. / Sehet, die erste Kerze brennt. / So lobet den Herren alle zugleich! / Es komme zu uns sein heiliges Reich! / Freut euch ...

Wir sagen euch an den lieben Advent. / Sehet, die erste Kerze brennt. / Seine Macht und Herrschaft schwinden ja nie. / Drum auf, ihr Chri-sten, beuget die Knie! / Freut euch ...

Wir sagen euch an den lieben Advent. / Sehet, die erste Kerze brennt. / Die Tauben hören, die Blinden sehen, / Tote stehn auf und Lahme gehn. / Freut euch ...

Begrüßung
Daß der Gottesdienstleiter oder die Gottesdienstleiterin die Gemein-de begrüßt, ist selbstverständlich. Darum wird die Begrüßung als ei-gener Punkt in den folgenden Gottesdienstentwürfen nicht mehr an-geführt. Dennoch ist auch hierauf Sorgfalt zu verwenden. Möglicher-weise ist die Begrüßung etwas ausführlicher, weil die vielen Kinder oder die Familien eigens begrüßt werden. Gegebenenfalls kann die Begrüßung auch einmal durch den Vorsitzenden des Pfarrgemeinde-rates übernommen werden. Für viele Gemeindemitglieder ansprechender ist es, wenn die Begrüßung wirklich am Anfang, vor dem Kreuzzeichen und der „offiziellen Begrüßungsformel" (GL 353, 2), steht. So ist es auch im „normalen Leben". Erst begrüße ich mein Gegenüber, und dann unterhalten wir uns, arbeiten zusammen, trin-ken Kaffee oder ähnliches. Ebenso kann sich die Begrüßung direkt

an das Eingangslied anschließen, und dann feiern wir im Namen des dreifaltigen Gottes Eucharistie.

(Tages-)Gebet

Guter Gott,
wir alle haben den Weg hierher gefunden, in die Kirche, in den Gottesdienst, zu dir. Wir sind hierhergekommen mit allem, was uns bedrückt, mit all unseren Fehlern, mit all unseren Hoffnungen. Schenke unseren Seelen und Gedanken in dieser Stunde Ruhe und Frieden! Nimm von uns unsere Schuld und alles, was uns bedrückt. Dann können wir uns und unser Leben vor dich bringen. Amen.

Katechese

Bildbetrachtung: Walter Habdank, In Erwartung
(über Overhead-Folie. Hilfreich für die Katechese: Ich habe das Bild auf der linken Seite durch eine zweite Folie mit einem halbrunden schwarzen Kreis versehen, aus dem die Menschen quasi herausschauen. Dieser Hintergrund erleichtert vor allem den jüngeren Kindern das Benennen von Erwartungen. An ein stilles Betrachten des Bildes schließt sich ein kurzes Gespräch mit den Kindern an, in dem das Bild beschrieben und kurz gedeutet wird. Mögliche Impulse können sein:)
Auf dem Bild ist vieles zu sehen. Damit auch die Leute dahinten in den Bänken das alles sehen können, möchte ich mit euch das Bild beschreiben. Sagt einmal, was ihr auf dem Bild seht!
Schaut euch die Menschen noch einmal genau an! Da fällt euch sicher etwas auf!
Was machen die Menschen wohl da oben auf diesem schwankenden Gerüst, so eingepfercht?
Die Menschen auf dem Bild warten auf etwas. Sicherlich fällt euch dazu etwas ein, worauf die warten könnten. – Bedenkt dabei, daß es um sie herum recht dunkel ist. *(Im Familiengottesdienst sagte ein Kind daraufhin: Die warten auf Licht. Damit war eine gute Überleitung zum Thema Advent gegeben.)*

Liedruf: Tragt in die Welt nun ein Licht (in: Cantate, Nr. 318)[28]

Der Advent ist eine Zeit der Erwartung. Ich bin sicher, auch ihr wartet im Advent auf ganz vieles. Nennt einmal einiges!
Wir haben in der ganzen Gemeinde, in vielen Gruppen herumgefragt, worauf denn Menschen aus N. *(Ort nennen)* warten, was sie sich von Advent und Weihnachten erwarten, was sie erhoffen. Und die Antworten, die hören wir uns jetzt an. Und weil die immer wieder etwas mit dem Bild zu tun haben, mit dem Dunklen und Traurigen in unserem Leben, aber auch mit dem Warten auf das Licht, deswegen können wir jedesmal danach singen: „Tragt in die Welt nun ein Licht".

Walter Habdank, In Erwartung

(Jeweils ein Vertreter der verschiedenen Gruppen in der Gemeinde: Jugendliche, PGR, Gottesdienstkreise, Ausschüsse, Senioren, trägt die vorher in der Gruppe besprochene und zusammen niedergeschriebene Erwartung vor. Nach jeweils zwei oder drei „Zeugnissen" – je nach der Anzahl der Beiträge – wird wiederum der Liedruf: „Tragt in die Welt nun ein Licht" gesungen.)
Wir haben es gehört: Ganz viele Erwartungen haben wir in dieser Zeit des Advents. Auf ganz vieles warten wir, ganz vieles wünschen

---

28 Die Quellenangaben für die Lieder nenne ich nur in Kurzform. Die ausführlichen bibliographischen Angaben finden Sie unter der Überschrift „Liederbücher" im Anhang. Die Kurzform ist dort hervorgehoben. Ich habe mich dabei aus der Fülle der Liederbücher auf einige wenige beschränkt. Selbstverständlich finden sich viele der Lieder auch in anderen Liederbüchern.

wir uns, auf ganz vieles hoffen wir angesichts von Weihnachten. Wir hoffen, daß es in unserer Welt ein klein wenig besser wird, friedlicher, liebevoller. *(Vor allem zu den Erwachsenen und Jugendlichen:)* Im Grunde geht es uns an manchen Stellen unseres Lebens doch genauso wie diesen Menschen in dem Bild von Habdank. Dann, wenn uns der Wind ins Gesicht bläst, dann, wenn wir den Boden unter den Füßen verlieren, dann schauen wir auch aus nach jemandem, der uns helfen, der Licht in unser Dunkel bringen kann.

Das kann oft ein Freund sein; das kann der Partner sein, der uns Stütze ist. Aber angesichts der vielen Dunkelheiten unseres Lebens und angesichts der Nacht von Leid und Tod glauben wir, daß es nur Gott selbst ist, der uns letzten Endes retten kann. Wir glauben, daß Gott selbst es ist, der uns entgegenkommt. Und wir glauben, daß Gott uns vor allem in Jesus Christus entgegengekommen ist. Durch ihn ist unsere Welt besser, friedlicher und liebevoller geworden. Und durch uns Christen kann sie noch ein wenig besser, friedlicher und liebevoller werden. Deswegen feiern wir Advent. Deswegen warten wir auf Weihnachten. Deswegen feiern wir die Geburt dieses Jesus Christus.

Und der Evangelist Lukas erzählt uns immer wieder, daß unser Warten und unsere Hoffnungen in Jesus Christus erfüllt worden sind. Hören wir eine dieser Jesus-Geschichten aus dem Evangelium des Lukas.

Lesung nach Lk 4, 16–21:
So kam Jesus auch nach Nazaret, wo er aufgewachsen war. Er ging, wie gewohnt, am Sabbat in die Synagoge, zum Gottesdienst. Man reichte ihm das Buch des Propheten Jesaja. Er sollte daraus vorlesen. Er schlug das Buch auf, fand die Stelle und las:
Der Geist des Herrn ruht auf mir; denn der Herr hat mich gesalbt. Er hat mich gesandt, damit ich den Armen eine gute Nachricht bringe; damit ich den Gefangenen die Entlassung verkünde und den Blinden das Augenlicht; damit ich die Zerschlagenen in Freiheit setze und ein Gnadenjahr des Herrn ausrufe.
Dann schloß er das Buch. Er gab es dem Synagogendiener zurück und setzte sich. Alle in der Synagoge sahen auf ihn. Da begann er, ihnen zu erklären: Heute hat sich das Schriftwort, das ihr eben gehört habt, erfüllt.

Fürbitten

Laßt uns zu Gott beten. Wir vertrauen darauf, daß du, unser Gott, unsere großen und kleinen Hoffnungen und Erwartungen kennst. Wir glauben, daß wir von dir die Erfüllung mancher Hoffnungen erwarten dürfen. In diesem Vertrauen bitten wir dich:

Kind:
Guter Gott, wir warten alle auf Weihnachten. Hilf uns, damit wir Weihnachten zu einem schönen Fest machen, an dem wir uns alle von Herzen freuen können.
Gott, unser Vater...

Jugendlicher:
Guter Gott, wie viele Menschen in unserer Welt warten auf Frieden, auf ein Ende von Kampf und Krieg, auf ein Ende von Terror und Unterdrückung. Schenke ihnen allen Hoffnung auf solchen Frieden. Und bewege die Herzen der Mächtigen, daß sie alles tun, um diesen Frieden zu fördern.
Gott, unser Vater...

Erwachsener:
Aber schon bei uns muß der Frieden beginnen – zwischen den Ehepartnern, zwischen Eltern und Kindern, zwischen Nachbarn und Arbeitskollegen. Wie viele wünschen sich diesen Frieden, guter Gott. Schenke uns allen deinen Geist, damit jeder an seinem Platz helfen kann, diesen Frieden im Kleinen zu schaffen.
Gott, unser Vater...

älterer Erwachsener:
Guter Gott, wie viele Menschen gibt es, die eigentlich gar nichts mehr erwarten, die bereits alle Hoffnung verloren haben: Kranke, Sterbende, Arbeitslose, Menschen ohne Perspektive. Richte sie alle auf, schenke ihnen wieder Freude am Leben und an den kleinen Freuden des Lebens, und laß sie neue Hoffnung finden.
Gott, unser Vater...

Guter Gott, stärke uns im Vertrauen auf dich, den Gott des Lebens, der Hoffnung schenkt und uns die Fülle des Lebens verheißen hat.
Amen.

Lied zur Gabenbereitung: So viele warten im Land (Tr, Nr. 522)

Sanctus: Heilig, heilig, heilig (GL, Nr. 469)

Vaterunser
Als immer wiederkehrendes, gleichbleibendes Element wird das Vaterunser in den folgenden Gottesdienstentwürfen nicht mehr eigens aufgeführt. Es sei aber darauf hingewiesen, daß die Kinder das Vaterunser besser sprechen als singen können. Darum wird dem gesprochenen Vaterunser der Vorzug gegeben. Zudem sei daran erinnert, daß der Lobpreis am Schluß des Vaterunsers sofort an das Gebet angeschlossen und nicht wie meist üblich – durch das Gebet des Gottesdienstleiters unterbrochen – angehängt wird (vgl. den 4. Grundsatz).

Lied zum Friedensgruß: Komm, wir tragen unser Licht (in: Mein Liederbuch 2, Nr. C 29)

Lied zur Kommunion: Macht hoch die Tür (GL, Nr. 107)

Danklied: Licht auf meinem Weg (in: Das große Liederbuch von Rolf Krenzer, Nr. 2; Kanon)

Schlußgebet
Lasset uns beten!
Guter Gott, wir sind heute hier in die Kirche gekommen, wir haben zusammen gesungen, gebetet und über unsere Erwartungen im Advent gesprochen. Wir danken dir für diese Zeit des Singens, Betens und Sprechens. Wir danken dir für die schöne Zeit des Advents. Wir danken dir, daß wir noch etwas von unserem Leben erwarten dürfen. Und wir danken dir, daß du uns zugesagt hast, unsere Erwartungen zu erfüllen – in unserem Freund und Bruder Jesus Christus, in den Menschen, die uns begegnen, und am Ende der Zeiten. Amen.

Segen

Schlußlied: O Heiland, reiß die Himmel auf (GL, Nr. 105)

Advent (Alternative)
Ein Licht leuchtet auf in der Dunkelheit

Katechese, 1. Teil

In unserem Leben, da geht es ganz schön bunt zu. Manchmal – da geht es uns so richtig gut. Mann, ist das alles schön, könnten wir da oft rufen. Manchmal – da ist es aber auch anders. Da geht es uns gar nicht gut; da geht es uns so richtig schlecht; da ist alles trostlos. Die Bibel sagt: Da ist es dunkel in unserem Leben; da ist es wie in der Nacht: alles schwarz, alles dunkel. Darüber werden wir heute nachdenken. Denn diese Dunkelheiten, die haben mit Advent zu tun.

1. „Auftritt":
Erstes Kind kommt nach vorne zum Altar und hält ein schwarzes Tuch in den Händen. Ein zweites Kind tritt ans Mikrophon und spricht:
Manchmal ist es in unserem Leben dunkel. Dunkel ist es dann, wenn wir Angst haben. Und Angst hat jeder schon einmal gehabt. Erinnert euch doch mal daran, als ihr so richtig Angst hattet.
Da wünschen wir uns eigentlich nur eines: daß wir keine Angst mehr zu haben brauchen, daß dieses Dunkel ein klein wenig heller wird, daß ein Licht in dieser Dunkelheit „Angst" aufleuchtet.
Wiederkehrendes Element nach jedem „Auftritt": Das Kind geht auf seinen Platz zurück; das Kind mit dem Tuch bleibt am Altar stehen. Ein Scheinwerfer leuchtet auf; und sein Lichtkegel sucht im Altarraum einen Stern, der dort von einem Kind getragen wird (es handelt sich um die Sterne, die die Sternsinger mit in die Gemeinde tragen werden). Hat der Lichtkegel den Stern „gefunden", trägt der Sternträger seinen Stern neben das schwarze Tuch. Schola und Gemeinde singen währenddessen das

Lied: Ein Licht leuchtet auf in der Dunkelheit (s. Anhang, Nr. 8).

2. „Auftritt":
Ein drittes Kind kommt nach vorne zum Altar und hält ein schwarzes Tuch in den Händen. Ein Erwachsener tritt ans Mikrophon und spricht:
Manchmal ist es in unserem Leben dunkel. Dunkel ist es dann, wenn wir Streit haben. Und wie oft gibt es bei uns Streit. Denkt doch nur einmal zurück! Ihr Kinder: Wie oft habt ihr in letzter Zeit mit euren

Freunden oder euren Geschwistern Streit gehabt. Ihr Jugendlichen: Wie oft habt ihr Streit mit euren Eltern. Wir Erwachsene: Wie oft haben wir Streit mit unserem Partner oder unserer Partnerin.
Da wünschen wir uns eigentlich nur eines: daß der Streit endlich aufhört, daß wieder Frieden wird, daß dieses Dunkel ein klein wenig heller wird, daß ein Licht in dieser Dunkelheit Streit aufleuchtet.
(Scheinwerfer – Stern – Lied)

3. „Auftritt":
Ein viertes Kind kommt nach vorne zum Altar und hält ein schwarzes Tuch in den Händen. Ein Jugendlicher tritt ans Mikrophon und spricht:
Manchmal ist es in unserem Leben dunkel. Dunkel ist es dann, wenn wir traurig sind. Überlegt doch mal: Wie oft gibt es Momente in unserem Leben, da sind wir traurig – richtig niedergeschlagen. Ganz viele Gründe kann es geben, warum wir traurig sind.
Da wünschen wir uns eigentlich nur eines: daß wir wieder froh werden, daß dieses Dunkel ein klein wenig heller wird, daß ein Licht in dieser Dunkelheit aufleuchtet und die Traurigkeit vertreibt.
(Scheinwerfer – Stern – Lied)

4. „Auftritt":
Ein fünftes Kind kommt nach vorne zum Altar und hält ein schwarzes Tuch in den Händen. Der Katechet tritt ans Mikrophon und spricht:
Ja, manchmal ist es in unserem Leben dunkel. Drei Gründe haben wir gehört: Angst, Streit, Traurigkeit. Aber es gibt noch viele Ursachen, wenn es in unserem Leben dunkel wird. Das schwarze Tuch soll Zeichen sein für alle Dunkelheiten unseres Lebens, die wir hier nicht genannt haben. Werden wir einmal kurz still, und jeder überlegt sich, wo und warum es in den letzten Wochen dunkel war in seinem Leben, wo und warum es solche Dunkelheiten gab. *(kurze Stille)*
In solchen Situationen, da wünschen wir uns eigentlich nur eines: daß dieses Dunkel ein klein wenig heller wird, daß ein Licht in dieser Dunkelheit aufleuchtet und diese Dunkelheit vertreibt.
(Scheinwerfer – Stern – Lied)

Während der Scheinwerfer den Stern sucht, spricht der/die Katechetln:

In der Bibel wird immer wieder von den Dunkelheiten unseres Lebens erzählt. Und so, wie der Scheinwerfer jetzt den Stern sucht, so suchen wir in solchen Dunkelheiten das Licht. Und deshalb erzählt die Bibel oft von diesem Licht. Sie erzählt: Unser Leben wird nicht dunkel bleiben. Gott selbst wird dafür sorgen, daß unser Leben heller wird. Gott selbst wird ein Licht in unsere Welt schicken; er selbst wird unser Leben hell machen. Und weil wir auf dieses Licht warten, feiern wir Advent. Weil wir glauben, daß in Jesus dieses Licht auf die Welt gekommen ist, bereiten wir uns im Advent auf Weihnachten vor. Gleich wird der Scheinwerfer den Stern gefunden haben. Genau so glauben wir, daß wir an Weihnachten den finden werden, der uns Hoffnung und Rettung schenken kann trotz all der Dunkelheiten unseres Lebens.

Hören wir ein kurzes Wort des Propheten Jesaja (des Evangelisten Lukas), der dieses Licht ankündigt.

Lesung Jes 9, 1f:
Das Volk, das im Dunkeln lebt, sieht ein helles Licht; über denen, die im Land der Finsternis wohnen, strahlt ein Licht auf. Du erregst lauten Jubel und schenkst große Freude. Man freut sich in deiner Nähe, wie man sich freut bei der Ernte, wie man jubelt, wenn Beute verteilt wird.

oder alternativ (in unserem Familiengottesdienst sind beide Lesungen gelesen worden, verbunden durch eine kurze Überleitung, die der Pfarrer spontan formulierte) nach Lk 1, 68.76–79:
Gepriesen sei der Herr, der Gott Israels! Denn er hat sein Volk besucht und ihm Erlösung geschaffen. …
Und du, Johannes, wirst Prophet des Höchsten heißen; denn du wirst dem Herrn vorangehen und ihm den Weg bereiten. Du wirst sein Volk mit der Erfahrung des Heils beschenken. Du wirst sein Volk mit der Erfahrung beschenken, daß alles gut, alles heil wird – dort, wo uns nichts mehr von Gott trennt. Durch die barmherzige Liebe unseres Gottes wird uns besuchen das aufstrahlende Licht, das Licht, das aus der Höhe aufgeht. Es wird allen leuchten, die in Finsternis sitzen und im Schatten des Todes. Und es wird unsere Schritte lenken auf den Weg des Friedens.

Heiliger Abend
Ein etwas anderes Krippenspiel

Eingangslied: Orgelvorspiel zum Einzug; Macht hoch die Tür (GL, Nr. 107, 1. Str.)

(Tages-)Gebet

Guter Gott,
heute feiern wir Weihnachten. Wir feiern, daß Jesus in unsere Welt gekommen ist. Wir feiern, daß du uns Menschen nahe gekommen bist – ein Gott, mitten unter uns Menschen. Darum freuen wir uns. Darum machen wir uns Geschenke.
Was Menschen uns heute schenken und was wir anderen schenken, soll uns daran erinnern:
Du liebst alle Menschen und schenkst uns das Heil in Jesus Christus. Er ist uns Bruder und Freund geworden. Dafür danken wir dir. Amen.

Katechese

Sofort nach dem Tagesgebet beginnt das Spiel. Zuerst spielen drei Erwachsene, denn der Inhalt des Anspiels richtet sich vor allem an die Gruppe der Erwachsenen, die das Anliegen des Spiels eher verstehen können als Kinder.

(Von der Seite kommt SPIELER/IN 1, *der/die die Krippe an den Altar stellt.)*
SPIELER/IN 1: „So, jetzt kann's bald Weihnachten werden."
(Von der anderen Seite kommt SPIELER/IN 2, *der/die ein großes Kreuz herbeischleppt.)*
(SPIELER/IN 1 geht auf ihn/sie zu und sagt:)
SPIELER/IN 1: Stop, was willst du denn hier? Du hast dich in der Zeit vertan. Das Kreuz können wir hier nicht gebrauchen. Heute ist Weihnachten. Heute ist doch nicht Karfreitag.
SPIELER/IN 2: Ja, aber wir können doch nicht Weihnachten ohne das Kreuz feiern.
SPIELER/IN 1: Doch, natürlich. Weihnachten ist Weihnachten. Und das hat mit dem Kreuz nichts zu tun. Das gehört zu Karfreitag. Das ist was ganz anderes.

SPIELER/IN 2: Nein, das siehst du falsch, Weihnachten, Karfreitag und Ostern gehören zusammen. Schon an Weihnachten feiern wir den, der uns durch Tod und Auferstehung neues Leben schenkt. Da, schau doch einmal in der Kirche herum – da hängen doch überall Kreuze.

SPIELER/IN 1: Ja, aber die hängen doch immer hier; das ist nichts Besonderes. Die bemerkt doch heute niemand. Heute steht da meine Krippe alleine vor dem Altar. Zuerst kommt die Krippe. Das Kreuz, das stört heute nur.

SPIELER/IN 2: Nein, so ist das nicht. Kreuz und Krippe können wir nur zusammen haben. Schau mal! Da hinten kommt Lukas. Laß uns den fragen.

SPIELER/IN 1: Wer kommt da? Lukas? Wer ist das: Lukas?

SPIELER/IN 2: Der Evangelist Lukas – der hat ein Evangelium geschrieben, in dem er vom Leben Jesu erzählt. Dort steht auch die Erzählung von der Geburt Jesu im Stall und von den Hirten auf dem Feld. *(ruft:)* Lukas! Komm doch mal her! Wir wollen dich was fragen.

(LUKAS, *mit der Schriftrolle in der Hand, kommt aus dem Hintergrund zu den beiden Spielern.)*

SPIELER/IN 2: Lukas, wir streiten uns, ob die Krippe und das Kreuz zusammen hierher gehören oder nicht. N.N. (Spieler/in 1) will nur die Krippe aufstellen. Und er/sie sagt: Das Kreuz hat heute hier nichts zu suchen.

LUKAS: Natürlich gehört das Kreuz hierher. Ohne das Kreuz gäbe es gar keine Krippe.

SPIELER/IN 1: Ja, aber du hast uns doch aufgeschrieben, wie Jesus geboren worden ist. Da ist doch vom Kreuz auch nicht die Rede.

LUKAS: Ja, nicht direkt – da hast du recht; aber indirekt doch. Schau mal, lieber N.N. (Spieler/in 1). Als ich angefangen habe, die Geschichten von Jesus zu sammeln und aufzuschreiben, da hat man mir zuerst nur von dem Tod und der Auferstehung Jesu erzählt. Das war allen das Wichtigste: Jesus ist für uns gestorben, und Gott hat ihn wieder auferweckt. Er ist unser Retter, unser Herr. Und dann haben sie mir von seinen Worten und Taten erzählt. Sie haben mir berichtet, was Jesus von Gott erzählt hat: Gott ist wie ein guter Hirte oder wie ein barmherziger Vater. Und sie haben mir erzählt, wie heilsam seine Nähe war, daß in seiner Nähe Men-

schen heil geworden sind, heil an Leib und Seele. Sie haben erzählt, daß mit Jesus das Reich Gottes angefangen hat. Von seiner
Geburt – da wußte kaum einer was.

SPIELER/IN 1: Ja, aber du hast das doch alles aufgeschrieben.

LUKAS: Ja, das habe ich gemacht, nachdem einige gefragt haben:
Wie hat das denn angefangen mit Jesus? Da habe ich nachgefragt,
was die Leute noch wußten. Viel war es nicht. Maria war seine
Mutter, Josef der Vater. In Nazaret hat er anfangs gelebt. Das war's
eigentlich schon.

SPIELER/IN 1: Ja, aber du hast doch viel mehr geschrieben, das mit
Betlehem und den Hirten zum Beispiel.

LUKAS: Ja, das mußt du so sehen: Geburtsurkunden wie heute, die
gab es damals noch nicht. Keiner hat sich dafür interessiert, wer
wann wo geboren worden ist. Aber in den heiligen Schriften der
Juden steht geschrieben, daß der Retter, der Messias aus Betlehem kommen soll. Da war doch dann klar, daß er eigentlich nur
dort geboren sein kann. Und mit den Hirten – das habe ich mir so
gedacht: Jesus war zeit seines Lebens arm gewesen. Und er war
immer für die Armen da. Da konnten es doch nur ganz arme Leute
sein, denen die Geburt Jesu zuerst verkündet worden ist. Und die
Hirten, das waren damals sicherlich die ärmsten Leute, die niemand mochte.

SPIELER/IN 1: Ja, dann hast du dir das alles nur ausgedacht?

LUKAS: Nein, so ist das nicht. Ich habe in der Geschichte von der
Geburt von meinem Glauben erzählt, nein, von unserem Glauben:
daß Jesus für uns der Retter ist, der Messias, der Herr – und daß
das damals angefangen hat.

SPIELER/IN 1: Wie bist du denn darauf gekommen?

LUKAS: Schau, mit Jesus hat etwas Neues angefangen, etwas Gött-
liches. Jesus und Gott gehören zusammen, von Anfang an. Ich glaube, Gott hat Jesus geschickt; er ist Gottes Geschenk an uns; Jesus
hat unsere Nöte, unsere Armut und unseren Tod auf sich genommen. Er ist uns Retter und Heiland geworden bis ans Kreuz.

SPIELER/IN 1: Und das hat dich so gefreut, daß du es aufgeschrieben
hast?

LUKAS: Ja, wir freuen uns, daß Jesus gelebt hat. Wir freuen uns, daß
er auf die Welt gekommen ist. Deshalb können wir Weihnachten
feiern, frohe Lieder singen und Gott damit „Danke" sagen.

Verstehst du: Aus diesem Grund habe ich diese Weihnachtsgeschichte geschrieben. Sie erzählt etwas von unserem Glauben;
sie erzählt von dem Licht, das in die Welt gekommen ist.
(Direkt an die GottesdienstteilnehmerInnen gewendet:) ... Da,
schaut euch die Geschichte an, die ich aufgeschrieben habe. Einige Kinder werden sie uns zum Teil vorspielen; der andere Teil wird
vorgelesen.
*(Die drei Erwachsenen treten ab. Die Krippe bleibt vor dem Altar
stehen. Das Kreuz wird etwas weiter zurück neben den Altar gestellt,
so daß es gut sichtbar bleibt.*
*Da das Anspiel schon recht lang ist, wird das folgende Krippenspiel
relativ kurz gehalten. Es bleibt dicht am Text des Evangeliums aus-
gerichtet und stellt eine Mischform dar aus Spiel und Lesung.*
*1. Kind tritt als römischer Soldat auf, möglicherweise begleitet durch
ein 2. Kind, das eine Trompete oder Trommel trägt und den „Herold"
ankündigt:)*
1 oder 2 RÖMISCHE SOLDATEN: Alle Bewohner des Reiches – herhö-
ren: Ihr müßt euch in Steuerlisten eintragen lassen. Jeder muß in
die Stadt seines Vaters ziehen und sich dort melden! Jeder muß
sich eintragen lassen!
PFARRER/KAPLAN/DIAKON ...: Da begab sich jeder in seine Stadt,
um sich eintragen zu lassen. So ging auch Josef von der Stadt
Nazaret in Galiläa hinauf nach Judäa in die Stadt Davids, die Betlehem heißt, weil er aus dem Haus und Geschlecht Davids war,
um sich mit Maria, seiner Vermählten, die ein Kind erwartete, eintragen zu lassen.
*(Während der Pfarrer die Verse aus dem Lukasevangelium vorliest,
ziehen MARIA und JOSEF nach vorne vor den Altar, wo die Krippe
steht.)*
Als sie dort waren, kam für Maria die Zeit ihrer Niederkunft, und
sie gebar ihren Sohn, den Erstgeborenen, wickelte ihn in Windeln
und legte ihn in eine Krippe, weil in der Herberge kein Platz für
sie war.

Lied: Zu Betlehem geboren (GL, Nr. 140, 1. + 2. Str.)

(Nach dem Lied treten die HIRTEN *auf, die sich neben dem Altar nie-
derlassen. Zu der Gruppe der Hirten tritt der* ENGEL *hinzu und spricht:)*

ENGEL: Fürchtet euch nicht!
Ich verkünde euch eine große Freude – euch und allen Menschen!
Heute ist euch in der Stadt Betlehem der Messias geboren, der Retter, der Herr.
1. HIRTENKIND: Was sagst du? Der Messias ist geboren?!
ENGEL: Ja, der Retter ist geboren, Christus, der Herr.
Geht hin und seht es selbst!
Und das soll euch als Zeichen dienen: Ihr werdet ein Kind finden, das in Windeln gewickelt ist und in einer Krippe liegt.
Geht hin und seht!
(ANDERE ENGEL *treten hinzu. Alle sprechen im Chor:*)
Gloria in excelsis deo.
Ehre sei Gott in der Höhe
und Friede auf Erden
bei den Menschen, die er liebt.

Lied: Engel auf den Feldern singen (in vielen Liederbüchern, z. B. in „Kommt und singt". Ein Kinderliederbuch nicht nur für Kinder", hg. vom Erzbischöfl. Generalvikariat Köln, Hauptabt. Seelsorge, Bachem Vlg., Köln 1992, Nr. 275).
(Der Engel geht ab.)

2. HIRTENKIND: Mann, wer war das denn? War das ein Engel?
3. HIRTENKIND: Ja, das muß ein Engel gewesen sein – ein Bote Gottes!
4. HIRTENKIND: Aber habt ihr auch gehört, was er gesagt hat? Der Messias ist geboren! Das wäre wirklich ein Grund zur Freude!
5. HIRTENKIND: Ja, dann könnten wir wieder Hoffnung haben. Dann wäre das Leben wieder froher und heller. Das wäre wie ein Stern, der hell in der dunklen Nacht leuchtet.
(Während der Hirte spricht, tritt der STERNTRÄGER *mit dem Stern auf und bleibt neben Maria und Josef stehen.)*
6. HIRTENKIND: Jetzt kommt aber. Laßt uns nach Betlehem gehen! Dann sehen wir, ob es stimmt.
(Die Hirten gehen los und „ziehen" zu Maria und Josef an die Krippe.)
PFARRER/KAPLAN/DIAKON …: So eilten sie hin und fanden Maria und Josef und das Kind, das in einer Krippe lag. Als sie es sahen, berichteten sie, was ihnen über dieses Kind gesagt worden war.

1. HIRTENKIND: Engel sind zu uns gekommen, Boten Gottes. Sie haben uns gesagt, daß der Retter geboren worden ist.
2. HIRTENKIND: Er ist es. Dieses Kind da in der Krippe ist unser Retter.
3. HIRTENKIND: Ja, es ist Christus, der Herr.

PFARRER/KAPLAN/DIAKON ...: Und alle, die es hörten, staunten über die Worte der Hirten. Maria aber bewahrte diese Geschehnisse in ihrem Gedächtnis und dachte darüber nach. Die Hirten kehrten zurück, rühmten und lobten Gott für alles, was sie gehört und gesehen hatten, so wie es ihnen gesagt worden war.

(DIE HIRTEN *verlassen Maria und Josef, während der Pfarrer die entsprechenden Verse liest.* MARIA *und* JOSEF *bleiben noch vor dem Altar an der Krippe stehen und gehen während der letzten Strophe des folgenden Liedes ebenfalls auf ihre Plätze zurück.*)

Lied: Stern über Betlehem (Tr., Nr. 257)

Fürbitten

Gott, unser Vater. In dieser Nacht feiern wir die Geburt deines Sohnes Jesus. Durch ihn wird unser Leben heller. Wir bitten dich:

Kind:
Hell wird unser Leben durch Jesus. Er ist als Licht in die Welt gekommen für alle, die traurig, einsam und allein sind. Guter Gott, schenke allen Menschen etwas von diesem Licht.
Alle: Wir bitten dich, erhöre uns.

Jugendlicher:
Hell wird unser Leben durch Jesus. Er ist als leuchtender Stern aufgegangen über dem dunklen Stall unserer Welt. Guter Gott, laß uns in deinem Licht leben und den Weg zueinander finden.
Alle: Wir bitten dich, erhöre uns.

Erwachsener:
Hell kann das Leben von Menschen auch durch uns werden, denn wir sollen dein Licht in die Welt tragen. Guter Gott, laß uns leuchtende Sterne sein, die dein Licht aufleuchten lassen, wo Menschen traurig, einsam und krank sind.
Alle: Wir bitten dich, erhöre uns.

älterer Erwachsener:
Hell wird es werden in unserer Gemeinde, wenn wir alle leuchtende Sterne sind. Dann können wir in unserer Gemeinde und in den vielen Gruppen Heimat finden. Guter Gott, schenke uns und allen Menschen einen Ort der Geborgenheit und der Heimat.
Alle: Wir bitten dich, erhöre uns.

Ja, Herr, laß es hell werden in uns und um uns herum. Dann werden alle sehen, daß du mitten unter uns und den Menschen nahe bist. Amen.

Lied zur Gabenbereitung: Kommet, ihr Hirten (trad.)

Sanctus: Gott in der Höh (GL, Nr. 464)

Lied zum Friedensgruß: Licht auf meinem Weg (in: Das große Liederbuch von Rolf Krenzer, Nr. 2) und (kombiniert): Komm, wir tragen unser Licht (in: Mein Liederbuch 2, Nr. C 29), *Lichtertanz*

Lied zur Kommunion: Geht in die Nacht (in: Mein Liederbuch 2, Nr. B 128) und: Ich möcht ein bißchen glücklich sein (T.: R. Krenzer, M.: L. u. D. Jöcker, Studio Union im Lahn Verlag, Limburg)

Danklied: Zumba, zumba (s. Anhang, Nr. 18, 1.–3. Str.)

Gebet
Guter Gott,
voll Freude haben wir in diesem Gottesdienst die Geburt Jesu gefeiert. Mit ihm hast du uns dein Licht geschenkt, das stärker ist als alle Dunkelheit der Welt. Laß dieses Licht auch in uns leuchten, damit die Weihnachtsfreude in uns und in allen Menschen bleibt, denen wir begegnen. Amen.

Segen

Schlußlied: Stille Nacht, heilige Nacht (trad.)

Heiliger Abend (Alternative)
Ein Hirtenspiel

Katechese

Einige Kinder spielen uns gleich die Weihnachtsgeschichte vor. Es ist eine Geschichte voller Bilder, die etwas von unserem Glauben erzählen. Darum geht es in der Weihnachtserzählung auch nicht so sehr darum, wie die Geburt Jesu vor 2000 Jahren geschehen ist. Das weiß niemand mehr. Keiner hat sich das genau gemerkt. Keiner hat es sofort aufgeschrieben. Darum hat das die Evangelisten Matthäus und Lukas auch nicht so sehr interessiert. Sie wollen vielmehr in Bildern erzählen, was die Geburt Jesu für uns bedeutet. Sie wollen erzählen, was es bedeutet, daß Gott den Menschen nahe sein will. Das können wir in der Weihnachtsgeschichte hören. Darum paßt gut auf. Denn jetzt seht ihr die Weihnachtsgeschichte, jetzt beginnt das Krippenspiel.

PFARRER/KAPLAN/DIAKON (Lk 2, 1–7):
In jenen Tagen erließ Kaiser Augustus den Befehl, alle Bewohner des Reiches in Steuerlisten einzutragen. Dies geschah zum erstenmal; damals war Quirinius Statthalter von Syrien. Da ging jeder in seine Stadt, um sich eintragen zu lassen. So zog auch Josef von der Stadt Nazaret in Galiläa hinauf nach Judäa in die Stadt Davids, die Betlehem heißt; denn er war aus dem Haus und Geschlecht Davids. Er wollte sich eintragen lassen mit Maria, seiner Verlobten, die ein Kind erwartete. Als sie dort waren, kam für Maria die Zeit ihrer Niederkunft, und sie gebar ihren Sohn, den Erstgeborenen. Sie wickelte ihn in Windeln und legte ihn in eine Krippe, weil in der Herberge kein Platz für sie war.
(Während die Verse aus dem Lukasevangelium gelesen werden, ziehen zunächst Maria und Josef zum Altar, wo das erste Mikrophon steht. Danach kommen alle Hirtenkinder – außer einem – und setzen sich in einem Kreis zusammen. Dort steht ebenfalls ein Mikrophon.)

LEKTOR/IN oder KATECHET/IN: Hier sitzen einige Hirten, die heute Nachtwache halten. Das ist keine einfache Aufgabe. Die ganze Nacht dort sitzen – allein in der Dunkelheit. Das ist unheimlich! Es kann immer ein wildes Tier kommen, das ein Schaf rauben will. Das ist gefährlich! Und wenn wirklich ein Schaf gefressen wird, dann sagt man: „Ihr habt nicht gut genug aufgepaßt." Dann müssen sie das Schaf vielleicht noch von ihrem wenigen Lohn bezahlen.

Sie verdienen nicht viel; sie sind arm; sie gehören zu den ärmsten Leuten.

Und eigentlich mag sie niemand so recht. Die einen sagen: Mit denen wollen wir nichts zu tun haben; die stinken ja nach Schafen. Die anderen sagen: Die gehören nicht zu uns; und die gehören nicht zu Gott; die arbeiten ja am Sonntag und gehen noch nicht einmal in die Kirche. Und sonntags soll sich doch jeder Gläubige ausruhen, an Gott denken und beten. Nein, keiner will sie haben.

Und so haben die Hirten manchmal den Eindruck: Alles in ihrem Leben ist trostlos und dunkel. Und mancher hofft: Ach, würde Gott doch nur den verheißenen Tröster schicken! In der Bibel steht doch: Gott wird den Retter schicken, den Messias, der Licht in das Dunkel der Welt bringen wird.

(Die SpielerInnen beginnen mit dem Spiel: Das Hirtenkind „Daniel" kommt von der Seite zu der Gruppe der Hirten, die am Boden sitzt.)

1. HIRTENKIND: Oh, Mann, Daniel, wie siehst du denn aus? Was ist denn passiert?

2. HIRTENKIND (= DANIEL): Ich war im Dorf Brot holen. Da haben mich die Leute weggejagt. Sie haben geschrien: Hau ab, du Stinktier! Mach, daß du wegkommst zu deinen Schafen! Wir wollen dich hier nicht haben, du Gauner!
Einige haben sogar mit Steinen nach mir geworfen. Und einer davon hat mich getroffen.

1. HIRTENKIND: Das hätte ich mir nicht gefallen lassen.

3. HIRTENKIND: Ach, dir ist es vor kurzem doch genauso gegangen. Sie haben dich sogar verprügelt.
Wir können nichts machen. Sie sind stärker als wir.

4. HIRTENKIND: Du hast recht. Keiner mag uns. Niemand hält zu uns. In unserem Leben ist alles dunkel.

(Es wird still. Eine Flöte aus der Orff-Gruppe bläst eine kurze schwermütige Melodie.)

4. HIRTENKIND: Hoffentlich kommt bald einmal jemand, der zu uns hält, jemand, der Licht in unsere Dunkelheit bringt, jemand der Freude in unser Leben bringt und uns hilft!

3. HIRTENKIND: Ja, mir hat einmal einer gesagt, daß ein Messias kommen soll. Er soll der Retter sein. Das steht in der Bibel. Sogar hier aus Betlehem soll er kommen.

1. HIRTENKIND: Ach, ich glaube da schon gar nicht mehr daran! Es tut sich ja doch nichts!

Kommt, laßt uns wenigstens noch etwas schlafen!

(Die Hirten legen sich auf den Boden; nach einer kurzen Stille hört man leise Klänge eines Glockenspiels. Ein Engel nähert sich der Gruppe der Hirten.)

2. HIRTENKIND *(zeigt auf den Engel und ruft laut):* Da, schaut einmal da! Was ist denn das? Das ist ja richtig unheimlich!

(Alle Hirten erwachen, stehen auf und drehen sich dem Engel zu, der zu ihnen kommt.)

ENGEL: Fürchtet euch nicht!

Ich verkünde euch eine große Freude – euch und allen Menschen! Heute ist euch in der Stadt Betlehem der Messias geboren, der Retter, der Herr.

2. HIRTENKIND: Was sagst du? Der Messias ist geboren?!

3. HIRTENKIND: Das ist ja kaum zu glauben! Eben erst haben wir noch davon gesprochen. Und jetzt soll es schon wahr geworden sein!

ENGEL: Geht hin und seht es selbst!

Der Retter ist geboren!

Das soll euch als Zeichen dienen: Ihr werdet ein Kind finden, das in Windeln gewickelt ist und in einer Krippe liegt. Geht hin und seht!

(Die Gemeinde und die Schola singen das

Lied: Engel auf den Feldern singen,

und der Engel tritt ab.)

1. HIRTENKIND: Mann, wer war das denn? War das ein Engel?

4. HIRTENKIND: Ja, das muß ein Engel gewesen sein – ein Bote Gottes!

2. HIRTENKIND: Aber habt ihr auch gehört, was er gesagt hat: Der Messias ist geboren! Das wäre wirklich ein Grund zur Freude!

Kommt, laßt uns nach Betlehem gehen! Dann sehen wir, ob es stimmt.

(Während der Hirte spricht, tritt der Sternträger mit dem Stern auf und bleibt neben Maria und Josef stehen.)

3. HIRTENKIND: Wartet einmal. Merkt ihr es auch: Es sieht fast so aus, als ob es schon etwas heller geworden wäre!

4. HIRTENKIND: Ja, seht mal da! Da steht auch ein ganz heller Stern am Himmel. Vielleicht ist das ja das Zeichen, auf das wir gewartet haben: daß wirklich der Messias gekommen ist.

(Die Hirten gehen los, und die Gemeinde singt das

Lied: Hört, es singt und klingt mit Schalle, GL, Nr. 139, Str. 1 und 4.)

1. HIRTENKIND: Seht, hier liegt ein Kind in Windeln gewickelt in einer Krippe! Wie es der Engel gesagt hat.

2. HIRTENKIND: Das muß der Messias sein!

JOSEF: Kommt her, und schaut ihn euch an. Er ist eben geboren worden.

3. HIRTENKIND: Schaut nur, wie lieb das Kind da liegt und schläft. Wie soll es denn heißen?

MARIA: Wir werden ihn Jesus nennen. Das heißt: Gott rettet. Denn er ist der, auf den wir alle gewartet haben: der Messias, der die Welt verändern wird.

4. HIRTENKIND: Schaut nur, wie er in der Krippe liegt. Wie ein Hirte! Gott muß uns arme Leute sehr mögen, wenn er so zu uns kommt.

2. HIRTENKIND: Dann brauchen wir nicht mehr traurig sein – auch wenn uns sonst keiner mag. Kommt, laßt uns ein Lied für ihn singen.

(Die Gemeinde singt das

Lied: Singen wir mit Fröhlichkeit (GL, Nr. 135)

Dabei gehen alle SpielerInnen ab. Nur der Sternträger blieb am Altar stehen.)

LEKTOR/IN bzw. KATECHET/IN:
Die Hirten sind wieder weggegangen. Sie waren die ersten, die Jesus gesehen haben. So erzählt es die Bibel. So malt die Bibel ein Bild unseres Glaubens. Wie ein Maler ein Bild mit Farbe und Pinsel malt, so malt die Bibel ein Bild mit Worten. Und daher wissen wir: Gott ist zu uns Menschen gekommen. Er bringt Hoffnung in unser Leben; er kann uns retten, auch dann, wenn es in unserem Leben dunkel ist. Er ist zu uns Menschen gekommen, zu allen Menschen. Aber seine erste Sorge gilt den Armen und Ausgestoßenen.

Geblieben ist der Stern. Er steht noch immer hier am Altar. Er soll uns daran erinnern, daß Jesus auch jetzt noch bei uns ist. Er ist bei uns, auch wenn er vor langer, langer Zeit geboren worden ist. Er ist das Licht, das in die Dunkelheiten unseres Lebens hineinleuchtet.

Heiliger Abend (Alternative)
Ein Krippenspiel mit Symbolen

Katechese
Zwei Personen treten auf, der eine Spieler in Anzug und Krawatte und mit Schreibtasche, der andere in einer Art Toga mit einer Schriftrolle. Die letzte Person soll den Evangelisten Lukas darstellen, der erste ist ein Standesbeamter.

STANDESBEAMTER *(mit einem Buch in der Hand)*: Ich bin Standesbeamter. Ich schreibe auf, wann die Kinder geboren werden, wie sie heißen, wer Vater und Mutter ist, wer wann heiratet und solche Dinge. Heute werde ich aber nicht gebraucht. Denn zu der Zeit, als Jesus geboren wurde, da gab es noch keine Standesbeamten. Da hat es gar niemanden interessiert, wer wann auf die Welt gekommen ist. Da hat man so etwas nicht aufgeschrieben; man hat sich das noch nicht einmal gemerkt. Deshalb wissen wir auch nicht so ganz genau, wann und wie Jesus auf die Welt gekommen ist. Aber das kann euch gleich der Evangelist Lukas erzählen. Ich gehe jetzt. Ich möchte nämlich auch Weihnachten feiern. Ein gesegnetes Fest wünsche ich euch.

(Alternative: Anstelle des Standesbeamten tritt die Pfarrsekretärin auf, die Taufe, Eheschließungen usw. in die Kirchenbücher einträgt. Der Text muß dann nur geringfügig geändert werden. Die Pfarrsekretärin ist der Gemeinde sicher „näher" als der Standesbeamte.)

LUKAS: Ja, das, was wir heute feiern, geschah vor langer Zeit, vor fast 2000 Jahren – in Israel. Keiner weiß mehr, wie es genau geschah. Das kann ich euch deswegen auch nicht erzählen. Das *will* ich euch in meiner Geschichte auch nicht erzählen. Aber was das für uns Menschen bedeutet, daß Jesus auf die Welt gekommen ist, das kann ich euch in meiner Geschichte *(Lukas hebt „seine" Schriftrolle hoch)* erzählen.

Aber damit ihr die Geschichte richtig versteht, will ich euch erst etwas von der Zeit damals und von den Menschen sagen, die dort gelebt haben. Das Leben war damals hart, sehr hart – vor allem für die vielen armen Leute. Armut, Krankheit, Hunger und Tod gab es überall.

1. KIND: Wir legen *Steine* in die Krippe. Sie sind rauh und hart – so rauh und hart, wie das Leben manchmal ist – das Leben damals, aber auch das Leben heute.

(1. und 2. Kind legen Steine in die Krippe.)

LUKAS: Auch damals gab es viele arme Menschen, die kein Dach über dem Kopf hatten. Sie schliefen nachts unter Sträuchern oder auf Stroh in einer Scheune.

3. KIND: Wir legen *Stroh* in die Krippe: Es erinnert uns an alle, die arm sind und hungern, an alle, die einsam, ausgestoßen und obdachlos sind – auch heute noch.

(3. und 4. Kind legen Stroh in die Krippe.)

LUKAS: Eigentlich unterscheiden sich die Menschen damals gar nicht so sehr von den Menschen heute: Auch wir Menschen sind oft verschlossen für das Gute.

Unsere Augen sind verschlossen: Sie sehen nicht, wo wir Gutes tun könnten.

Unsere Ohren sind verschlossen: Wir hören nicht, was unsere Mitmenschen brauchen.

Unser Mund ist verschlossen: Das Wort, das dem anderen guttun könnte, erreicht ihn nicht.

5. KIND: Ich legen *Dornen* in die Krippe. Sie sind ein Zeichen für die vielen kleinen Bosheiten, die Menschen einander antun. Sie sind Zeichen für das Gute, das nicht getan wird, aber so nötig wäre.

(Kind legt Dornen in die Krippe.)

LUKAS: Aber die Menschen hatten damals eine Hoffnung: Sie glaubten, daß einer kommen würde, um sie zu retten, um sie zu erlösen von allem Bösen. Solche Rettung erwarteten sie nicht von einem Menschen; solche Rettung kann nur von Gott kommen. Darum warteten sie auf den Gesalbten Gottes, den Messias, auf den Retter, den Heiland, von dem ihnen schon der Prophet Jesaja erzählt hatte.

6. KIND: Ich lege immergrüne *Tannenzweige* zur Krippe. Sie sind ein Zeichen der Hoffnung und der Erwartung.

(6. Kind legt Tannenzweige in die Krippe.)

LUKAS: So wie die Menschen damals gewartet haben, so wartet auch ihr jedes Jahr auf das Weihnachtsfest, das Fest von der Geburt Jesu.

Lied: Alle Jahre wieder (trad.)

PFARRER / KAPLAN / DIAKON ... *(erzählt)*: Damals lebten Maria und Josef.
(Maria und Josef stellen sich neben die Krippe vor den Altar.)
Maria wußte, daß sie bald ein Kind bekommen würde. Es sollte Jesus heißen; das bedeutet: Gott rettet.
(liest:) In jenen Tagen erließ Kaiser Augustus den Befehl, alle Bewohner des Reiches in Steuerlisten einzutragen. Dies geschah zum erstenmal; damals war Quirinius Statthalter von Syrien. Da ging jeder in seine Stadt, um sich eintragen zu lassen. So zog auch Josef von der Stadt Nazaret in Galiläa hinauf nach Judäa in die Stadt Davids, die Betlehem heißt; denn er war aus dem Haus und Geschlecht Davids. Er wollte sich eintragen lassen mit Maria, seiner Verlobten, die ein Kind erwartete. Als sie dort waren, kam für Maria die Zeit ihrer Niederkunft, und sie gebar ihren Sohn, den Erstgeborenen. Sie wickelte ihn in Windeln und legte ihn in eine Krippe, weil in der Herberge kein Platz für sie war.

Lied: Nun freut euch, ihr Christen (GL, Nr. 143, 1. Str.)

LUKAS: Vor fast 2000 Jahren ist Jesus in eine friedlose Welt hineingeboren worden, um den Unfrieden zu überwinden.
Mit ihm kam Licht in die Welt, wurde das Dunkel der Menschen heller.
Wir, die wir heute hier versammelt sind, glauben daran, daß Jesus auch bei uns ist, um unsere Dunkelheiten mit uns zu überwinden.
7. KIND: Ich stelle *eine Kerze* vor die Krippe. Wir haben auch viele Lichter an unserem Weihnachtsbaum brennen. All diese Kerzen sollen uns daran erinnern, daß mit Jesus Licht in die dunkle Welt gekommen ist.
(Das 7. Kind stellt die Kerze an die Krippe.)
LUKAS: Ja, so ist es, das Kind in der Krippe verändert die Welt: diejenigen, die geweint haben, können wieder lachen, diejenigen, die

verzagt sind, fassen neuen Mut, diejenigen, die verzweifelt sind, haben wieder Hoffnung.

8. KIND: Ich stelle *Blumen* neben die Krippe. Denn mit Jesus sind Freude und Wärme in die Welt gekommen, und was in der Kälte erfroren war, beginnt wieder neu zu blühen, kann jetzt wieder leben.

(Das 8. Kind stellt die Blumen an die Krippe.)

PFARRER / KAPLAN / DIAKON ...: In jener Gegend lagerten Hirten auf freiem Feld und hielten Nachtwache bei ihrer Herde. Da trat der Engel des Herrn zu ihnen, und der Glanz des Herrn umstrahlte sie. Sie fürchteten sich sehr, der Engel aber sagte zu ihnen: Fürchtet euch nicht, denn ich verkünde euch eine große Freude, die dem ganzen Volk zuteil werden soll: Heute ist euch in der Stadt Davids der Retter geboren; er ist der Messias, der Herr. Und das soll euch als Zeichen dienen: Ihr werdet ein Kind finden, das, in Windeln gewickelt, in einer Krippe liegt. Und plötzlich war bei dem Engel ein großes himmlisches Heer, das Gott lobte und sprach: Verherrlicht ist Gott in der Höhe, und auf Erden ist Friede bei den Menschen seiner Gnade.

Lied: Hirten, wacht vom Schlafe auf (s. Anhang, Nr. 10)

Als die Engel sie verlassen hatten und in den Himmel zurückgekehrt waren, sagten die Hirten zueinander: Kommt, wir gehen nach Betlehem, um das Ereignis zu sehen, das uns der Herr verkünden ließ. So eilten sie hin und fanden Maria und Josef und das Kind, das in der Krippe lag.

(Hirten kommen und stellen sich neben die Krippe zu Maria und Josef – ein kleines Flötenstück wird gespielt.)

Als sie es sahen, erzählten sie, was ihnen über dieses Kind gesagt worden war. Und alle, die es hörten, staunten über die Worte der Hirten. Maria aber bewahrte alles, was geschehen war, in ihrem Herzen und dachte darüber nach. Die Hirten kehrten zurück, rühmten Gott und priesen ihn für das, was sie gehört und gesehen hatten; denn alles war so gewesen, wie es ihnen gesagt worden war.

LUKAS: Der Evangelist Matthäus erzählt, daß dann ein Stern den Weisen aus dem Morgenland den Weg zur Krippe gewiesen hat. Sie kamen von weit her, um Jesus zu sehen.

Denn Jesus ist für alle auf die Welt gekommen: für die Hirten, für die Weisen, für uns und für alle Menschen dieser Erde. Der Segen Gottes gilt uns allen.

9. KIND: Ich stelle *einen Stern* an die Krippe. Denn Jesus ist für jeden von uns ein Stern in den Dunkelheiten unseres Lebens.

(Das 9. Kind trägt den Stern zur Krippe.)

Lied/Kanon: Mitten in der Nacht (s. Anhang, Nr. 15)

LUKAS: Jesus wurde erwachsen und brachte den Menschen die gute Nachricht von Gott – von Gott, der das Heil der Menschen will. Aber nicht alle Menschen waren Jesus wohlgesonnen: Sein Weg führte ihn zum Kreuz – wo er starb.

Doch Gott hat ihn nicht im Tod gelassen, er hat ihn von den Toten auferweckt. Jesus lebt – so wie wir alle leben werden.

10. KIND: Ich stelle ein *Kreuz* an die Krippe. Denn das Kreuz ist für uns das Zeichen des Heils.

(Das 10. Kind trägt das Kreuz neben die Krippe.)

LUKAS: Das Kreuz gehört zur Krippe. Jesus bleibt für uns nicht nur das kleine hilflose Kind in der Krippe. Er ist der, der durch sein Leben und seinen Tod der Welt das Heil gebracht hat.

Die Engel haben die Botschaft von der Geburt des Retters verkündet. Doch ihre Ankündigung und ihr Lobgesang inmitten der Nacht waren schon Hinweis auf die Auferstehung, die das Dunkel des Todes überwunden hat.

Lied: Singen wir mit Fröhlichkeit (GL, Nr. 135, 1)

Fastnacht
Wir freuen uns

*Vor dem Gottesdienst teilen zwei Gemeindemitglieder die unten ab-
gedruckten Zettel (DIN A6) aus mit der Aufschrift „Ich freue mich,
wenn…“. Kinder und Erwachsene füllen die Zettel mit bereitliegen-
den Stiften anonym aus und legen sie in ein bereitstehendes Körbchen. Ausgesuchte Zettel werden nachher im Gottesdienst verlesen
(s. u.)*

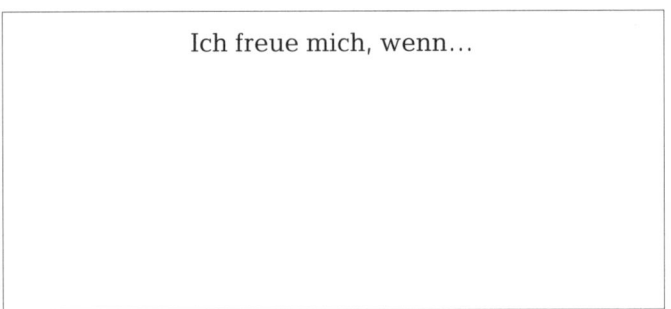

Ich freue mich, wenn…

Eingangslied: Erfreue dich, Himmel (GL, Nr. 259, 1.5 + 6)

Hinführung
Nächste Woche ist Fastnacht/Karneval. Es ist eine lustige Zeit, eine
freudige Zeit. Ganz viele Menschen verkleiden sich. Es macht ihnen
Spaß, in eine andere Rolle zu schlüpfen, Witze zu machen, mit ande-
ren zu lachen. Selbst viele Erwachsene sind ausgelassen wie kleine
Kinder.
*In die Hinführung hinein läßt der/die KatechetIn an einem anderen
Mikrophon einen Lachsack lachen. Dieses Lachen wird in der Hin-
führung aufgegriffen und zum Thema gemacht. Ist kein Lachsack
vorhanden, kann auch eine Kassettenaufnahme einer lachenden
Gruppe den gleichen Zweck erfüllen.*
Da hört ihr's. Da freuen sich welche. Sie können von Herzen lachen.
Und viele können ganz ausgefallene Dinge tun. Das kann nicht je-
der. Der eine freut sich stiller, ein anderer lauter. Aber ganz viele

spüren diese Freude und Ausgelassenheit. Zu dem Thema wollen wir heute auch Gottesdienst feiern: Wir freuen uns.

(Tages-)Gebet
Guter Gott, du schenkst uns immer wieder Grund zur Freude. Diese Freude macht unser Leben schön. Es ist schön, wenn wir miteinander Spaß haben, wenn wir miteinander lachen können und wir uns von Grund auf freuen können. Dafür danken wir dir. Amen.

Gloria
Gloria, Gloria (in: Mein Liederbuch 2, Nr. B 232) oder: Lobet und preiset, ihr Völker, den Herrn (GL, Nr. 282)

Katechese
Es wurde schon gesagt: Wir wollen heute miteinander über die Freude reden und nachdenken. Und da man nicht todernst über Freude reden kann, hoffe ich, daß wir uns auch ein wenig gemeinsam freuen. Wenn sich die Menschen freuen, dann singen sie oft ein fröhliches Lied oder tanzen oder pfeifen. Deswegen wollen wir jetzt auch ein Lied singen, das später noch einige Male gesungen wird. Die Schola singt es uns vor, und wir singen es dann mit.

Lied: Amen (Spiritual, z. B. in Tr, Nr. 318. Wir haben nur den Refrain gesungen ohne Überchor.)

Amen ist ja ein Wort, das in unseren Gottesdiensten oft vorkommt. Sicher weiß eine/r von euch, was das heißt. – Aber eine/r der MeßdienerInnen weiß es bestimmt!
– Ja heißt das, jawohl, so ist es, genauso ist es richtig. Und darum sagen wir am Ende eines Gebetes immer wieder Amen – so wie eben bei dem Gebet: Ja, so ist es; es ist richtig, Gott danke zu sagen, jawohl.
So, und jetzt wollen wir weiter überlegen, wann wir uns denn freuen. Manchmal ist es ja in unserem Leben dunkel und traurig – das weiß jeder von uns. Jeder hat so was schon mal erlebt. Aber es gibt auch ganz, ganz viele Gelegenheiten, bei denen wir uns freuen können. Daran wollen wir jetzt denken. Und deshalb haben vor Beginn des Gottesdienstes einige Erwachsene und Kinder Zettel ausgefüllt

und daraufgeschrieben, wann sie sich freuen. Die wollen wir uns jetzt anhören.

Die eingesammelten Zettel vom Anfang sind während des Eingangsliedes bereits nach vorher festgelegten Themenpunkten geordnet worden. Jetzt werden jeweils drei bis vier aus jeder Themengruppe im Gottesdienst vorgelesen. Diese Aufgabe übernehmen verschiedene Gemeindemitglieder: ein Kind, ein Jugendlicher, ein Erwachsener, ein älterer Erwachsener. Vorsichtshalber ist für jedes Thema ein Zettel vorbereitet worden. Vor allem bei den eher religiös gefärbten Themengruppen ist auch das Zeugnis der Hauptamtlichen in der Gemeinde und der Mitglieder des Vorbereitungskreises gefragt. Nach dem Vorlesen jeder Themengruppe und einer kurzen Überleitung durch den Katecheten/die Katechetin schließt sich die kurze Lesung der verschiedenen passenden Bibelstellen durch den Pfarrer an. Danach singen Schola und Gemeinde jedesmal den Refrain „Amen".

Themengruppen:

- Die alltäglichen Freuden: Geburtstag, Geschenke, gutgehen, usw. Solche Antworten haben wir auf den eingesammelten Zetteln gefunden:
Ich freue mich, wenn
  - ich schulfrei habe und die Sonne scheint.
  - jemand zu Besuch kommt und mit mir spielt.
  - ich ein Tor schieße.
  - wir einen schönen Familienausflug machen.
  - ich ins Schwimmbad gehen kann.
  - ich Geburtstag habe und mir jemand was schenkt.

KatechetIn: Auch die Bibel erzählt von dieser Freude, wenn wir ein Fest feiern können und wenn wir etwas Gutes erleben. Und auch dabei dankt sie Gott, der all das Gute geschenkt hat.
Pfarrer, … (von einem anderen Mikrophon aus): Sie waren voll Freude und frohes Mutes über das Gute, das der Herr getan hatte (2 Chr 7, 10).
Lied: Amen (Refr.)

• Freude nach tiefer Trauer: nach einer Krankheit, nach Streit, usw.
Solche Antworten haben wir auf den eingesammelten Zetteln gefunden:
Ich freue mich, wenn
  – ich gesund bin.
  – aus meiner Familie jemand krank war und wieder gesund wurde.
  – ich mich wohl fühle und mit Menschen zusammen bin, die ich
    mag.
  – es meinen Kindern gutgeht.
  – die Kinder nach einer Krankheit wieder gesund sind.
KatechetIn: Ja, erinnert euch einmal, wie es euch gegangen ist, als
ihr nach einer Krankheit wieder raus durftet, wieder spielen gehen
konntet. Der Beter in der Bibel dankt Gott dafür.
Pfarrer, …: Du, guter Gott, hast mein Klagen in Tanzen verwandelt,
hast meine Trauer hinweggenommen und mich mit Freude umge-
ben (nach Ps 30, 12).
Lied: Amen (Refr.)

• Freude über die schönen Feste des Jahres: Karneval, Ostern, Weih-
nachten
Solche Antworten haben wir auf den eingesammelten Zetteln ge-
funden:
Ich freue mich, wenn
  – Fastnacht ist.
  – Ostern oder Weihnachten ist. Da gibt es Geschenke, und wir
    singen schöne Lieder.
KatechetIn: Jeder von uns feiert gerne ein Fest. Und viele Feste fei-
ern wir, um an Gott zu denken. Das sagt die Bibel dazu:
Pfarrer, …: Dies ist der Tag, den der Herr gemacht hat, wir wollen
jubeln und uns an ihm freuen (Ps 118, 24).
Lied: Amen (Refr.)

• Freude über die Schöpfung
Solche Antworten haben wir auf den eingesammelten Zetteln gefunden:
Ich freue mich, wenn
  – schönes Wetter ist.

- Kinder lachen, die Sonne scheint und die Menschen in Frieden leben.
- ich die schöne Welt sehe und dadurch weiß, daß Gott uns liebt.
- ich etwas Schönes sehe, zum Beispiel beim Wandern eine Blume, einen kleinen Wasserfall, einen Regenbogen.

KatechetIn: Denkt nur einmal an das Erntedankfest. Da freuen wir uns doch auch darüber, daß uns die Erde so viel Nahrung gibt. An ganz vielen Stellen spricht die Bibel darüber. Und sie sagt: Freut euch doch an all dem, was Gott uns schenkt.

Pfarrer, ...: Ich will dem Herrn, unserem Gott, singen, solange ich lebe. Ich will dem Herrn spielen, solange ich da bin. Ich will mich freuen am Herrn und an allem, was er gemacht hat (nach Ps 104, 33 f).

Lied: Amen (Refr.)

• Freude über den Glauben und über Gott (Sir 34, 20)
Solche Antworten haben wir auf den eingesammelten Zetteln gefunden:
Ich freue mich, wenn
- wir in der Pfarrgemeinde wie eine frohe Familie sind.
- ich daran denke, daß Gott zu uns gesagt hat: Ich bin bei euch – immer – alle Tage. Und ich segne euch und schenke euch Frieden ...
- ich in der Kirche bin und dienen darf.

KatechetIn: Ja, das vergessen wir oft. Auch unser Glaube ist ein Grund zur Freude. Gott verspricht uns: Ich bin da bei euch, egal wie es euch geht. Und Jesus erzählt von Gott: Gott liebt uns, er vergißt uns nicht; er sorgt sich um uns. Und dieser Glaube ist doch ein Grund zur Freude. Und so können wir in der Bibel lesen:

Pfarrer, ...: Der Herr ist Freude für das Herz, Licht für die Augen, Heilung, Leben und Segen (Weish 34, 20).
Und weil das so ist, kann Paulus selbst aus dem Gefängnis an die Philipper schreiben: Freut euch im Herrn zu jeder Zeit! Noch einmal sage ich: Freut euch! (Phil 4, 4).

Lied: Amen (Refr.)

Ja, wir haben gehört: Auch in der Bibel steht immer wieder, wir sollen uns freuen. Viele denken: an Gott glauben, in die Kirche gehen, – das ist immer nur Pflicht. Da muß man brav sein, sich ordentlich

benehmen, immer nur *muß* man etwas. Manchmal mag das wirklich so scheinen. Aber die Bibel sagt es anders, die sagt: Freut euch! Und sie sagt: Daß Gott uns liebt, ist so gut; da müssen wir uns einfach freuen. Deswegen macht kein Gesicht wie ein alter Griesgram, sondern freut euch und lacht und seid froh. Freude ist eines der Wörter in der Bibel, das am häufigsten vorkommt. Ich hab die Stellen einmal gezählt. An 318 Stellen spricht die Bibel von der Freude. Deswegen: Laßt uns froh sein und uns freuen.
Lied: Amen (Refr.)

Fürbitten
Wir wollen zusammen ein Fürbitt-Gebet sprechen. Es steht auf unserem Liederzettel:

Herr, guter Gott, schenke uns unser tägliches Brot und was wir zum Leben brauchen.
Schenke uns ein gutes Herz, damit wir den Nächsten und dich nicht vergessen. Schenke uns Erinnerungen an alles Gute in unserem Leben. Das gibt uns Kraft für Zeiten des Kummers, der Schmerzen und der Klagen.
Und laß nicht zu, daß wir uns allzuviel Sorgen machen über uns selbst.
Guter Gott, schenke uns Sinn für Humor und Freude.
Dann werden wir glücklich sein und andere mit unserer Freude anstecken. Amen.

Lied zur Gabenbereitung: Kommt, sagt es allen Leuten (Tr, Nr. 205)

Gabengebet
Herr, unser Gott: In diesen Gaben von Brot und Wein bringen wir uns selbst, unser Lachen und Weinen, unsere Freude und Traurigkeit, unser Gelingen und unsere Sorgen. Nimm alles an, nimm uns selbst an, und schenke uns in diesen Gaben Friede und Freude durch Christus, unsern Herrn. Amen.

Sanctus: Heilig (GL, Nr. 464)

Lied zum Friedensgruß: Hewenu shalom alechem (Kanon; Tr, Nr. 54)

Danklied: Daß du mich einstimmen läßt (Tr, Nr. 652)

Gebet

Wir wollen beten:

Täglich schenke uns ein wenig Freude, guter Gott.
Denn der Mensch lebt nicht vom Brot allein.
Schenke uns Freude,
wenn wir einen lieben Menschen treffen,
wenn wir ein gutes Wort hören,
wenn uns jemand freundlich ansieht.
Und schenke uns die Freude, selbst Freude zu schenken,
damit andere froh werden,
damit Streit aufhört und Frieden bei uns wird.
Und schenke uns Freude im Glauben an dich, unseren Gott.
Darum bitten wir dich durch Christus, unseren Freund und Bruder.
Amen.

Segen: In dieser Freude wollen wir um den Segen Gottes bitten: ...
Laßt uns gehen in Freude und Frieden, und laßt uns Freude und Frieden bringen.

Schlußlied: Erde singe (GL, in vielen Diözesananhängen)

Fastenzeit
Hoffnung den Ausgegrenzten

Bereits zum Einzug wird mit Hilfe eines Overheadprojektors das Hungertuch von Sieger Köder „Hoffnung den Ausgegrenzten" an die Leinwand neben dem Altar projiziert. Das Bild bleibt dort stehen bis zum Beginn der Katechese. Dann wird nur noch der Ausschnitt „Das Mahl der Vielen", gezeigt. Da das Hungertuch, und speziell der Bildausschnitt „Das Mahl der Vielen", viele fremde Menschen, Ausländer, zeigt, werden im Gottesdienst auch die Lieder nach Möglichkeit „international" ausgewählt. Schon in der Liedauswahl, im gemeinsamen Singen und in der Musik soll deutlich werden, daß die Menschen aller Rassen und Nationen von Gott eingeladen und angenommen sind.

Eingangslied: Kommt herbei (GL, Nr. 270, 1. + 2. Strophe) oder Kumbayah, my Lord (Tr, Nr. 429)

(Tages-)Gebet
Lasset uns beten. Guter Gott, du hast uns Menschen gerufen von überall her.
Du hast uns geschaffen so verschieden, wie wir sind: groß oder klein, mit weißer und dunkler Hautfarbe, als Mann oder Frau, mit einem fröhlichen oder einem eher traurigen Herzen. Wir gehören alle zu dir.
Darum bitten wir dich: Mache unser Herz offen für dein Wort. Laß uns auf deine Stimme hören. Dann werden wir alle miteinander wie Brüder und Schwestern werden. Amen.

Katechese, 1. Teil:
Von Beginn des Gottesdienstes an haben wir das Bild vom Hungertuch neben dem Altar gesehen. Solche Hungertücher gibt es schon lange in der Kirche. Schon im Mittelalter verhängte man in der Fastenzeit den Altarraum oder den Tabernakel. Auch die Augen sollten in dieser Zeit „fasten" und nicht alles sehen. Im Laufe der Zeit hat man diese Tücher immer mehr geschmückt oder bemalt. Erst in der Neuzeit waren diese Hungertücher dann aus den Kirchen verschwunden. Das Hilfswerk Misereor hat diesen Brauch aber vor Jahren wieder belebt. Seit dieser Zeit haben wir Hungertücher in unseren Gotteshäusern aufgehängt, die vor allem von Malern aus der sogenannten „Dritten Welt" gemalt wurden. Dieses Jahr haben wir zum ersten Mal ein Hungertuch, das von einem Maler aus Deutschland gemalt worden ist. Es ist der katholische Pfarrer Sieger Köder, der dieses Hungertuch gestaltet hat und von dem wir uns gleich einen Ausschnitt anschauen wollen.
Vorher hören wir uns aber noch ein Musikstück an, das N. und N. spielen. N. spielt mit zwei indischen Trommeln. Heute werden in unserem Gottesdienst viele Lieder aus fremden Ländern und in fremden Sprachen vorkommen, genauso wie auf dem Hungertuch viele Menschen aus anderen Ländern zu sehen sind.

Instrumentalstück: Gitarre und Trommel
Jetzt wollen wir uns das Bild aus dem Hungertuch näher ansehen.

Über den Overheadprojektor wird das „Mahl der Vielen" auf die Leinwand projiziert.

Schaut euch das Bild einmal in Ruhe an! Dann können wir zusammen beschreiben, was auf dem Bild zu sehen ist. *(kurze Stille zur Bildbetrachtung)*

Im Gespräch wird das Bild von den Kindern beschrieben. Vom Katecheten wird die Aufmerksamkeit dabei zuerst auf die Hände Jesu gelenkt. Es muß von Anfang an klar sein, daß all diese vielen um den Tisch Jesu sitzen, der ihnen und uns das Brot bricht. Jedesmal wenn dann ein Kind eine der Figuren nennt, darf es ein Symbol für diese Menschen zum Altar tragen. Die einzelnen Symbole werden auf der einen Seite des Altars abgelegt oder davor gestellt. Gleichzeitig werden sie von einem anderen, vorher bestimmten Kind kommentiert.

Schwarzer (vorne rechts): N. bringt eine Trommel zum Altar. Sie ist ein Zeichen dafür, daß Jesus alle Menschen mit schwarzer Hautfarbe an seinen Tisch geladen hat.

Asiatin (Mitte rechts): N. bringt eine Schale mit Reis zum Altar. Sie ist ein Zeichen dafür, daß Jesus alle Menschen aus Asien an seinen Tisch geladen hat.

(schwarzes) Kind (rechts über Asiatin): N. bringt einen Teddybären zum Altar. Er ist ein Zeichen dafür, daß Jesus alle Kinder an seinen Tisch geladen hat.

Liebespaar (links vorne): N. bringt eine Rose zum Altar. Sie ist ein Zeichen dafür, daß Jesus alle Menschen die sich lieben und mögen, an seinen Tisch geladen hat.

Indio (links über Liebespaar): N. bringt einen Poncho zum Altar. Er ist ein Zeichen dafür, daß Jesus alle Indianer an seinen Tisch geladen hat.

Wir haben gesehen: Ganz viele Menschen sind zu Jesus eingeladen. Ganz unterschiedliche Menschen werden von Jesus gerufen. Er nimmt sie alle auf; er teilt mit allen das Brot. Und wenn wir uns das Bild noch einmal genau anschauen, dann merken wir: Das sind ganz viele Menschen aus ganz unterschiedlichen Ländern. Eigentlich sind es Menschen aus der ganzen Welt.

Und denken wir auch noch daran: In unserem Land gibt es viele Menschen, die die Ausländer nicht mögen. Die sollen wieder weggehen, denken sie. Oder noch besser: Die sollen erst gar nicht herkommen. Wenn wir daran denken, dann verstehen wir das Evangelium noch besser.

Evangelium nach Lk 14, 16–24:
Wir ziehen die Lukas-Stelle der Matthäus-Perikope vor. Matthäus nimmt noch zusätzliche Aspekte in seine Erzählung mit hinein, die das Verständnis vor allem für die jüngeren TeilnehmerInnen des Familiengottesdienstes erschweren (z. B. der Mann ohne Hochzeitsgewand). Allerdings nehmen wir die Einleitung des Matthäus zur Lukas-Perikope mit hinzu, da sie das Gleichnis für die ZuhörerInnen in einen verständlichen Kontext stellt: Es geht bei dem Gleichnis um ein Bild für das Reich Gottes.
Jesus erzählte seinen Zuhörern eine Beispielgeschichte, ein Gleichnis. Er sagte: Das Reich Gottes, das Himmelreich, kann man mit einem Festmahl vergleichen. Ein Mann veranstaltete ein großes Festmahl und lud viele dazu ein. Als das Fest beginnen sollte, schickte er seinen Diener und ließ den Gästen, die er eingeladen hatte, sagen: Kommt, es steht alles bereit! Aber einer nach dem anderen ließ sich entschuldigen. Der erste ließ ihm sagen: Ich habe einen Acker gekauft und muß jetzt gehen und ihn besichtigen. Bitte, entschuldige mich! Ein anderer sagte: Ich habe fünf Ochsengespanne gekauft und bin auf dem Weg, sie mir genauer anzusehen. Bitte entschuldige mich! Wieder ein anderer sagte: Ich habe geheiratet und kann deshalb nicht kommen. Der Diener kehrte zurück und berichtete alles seinem Herrn. Da wurde der Herr zornig und sagte zu seinem Diener: Geh schnell auf die Straßen und Gassen der Stadt und hol die Armen und die Krüppel, die Blinden und die Lahmen herbei. Bald darauf meldete der Diener: Herr, dein Auftrag ist ausgeführt; aber es ist immer noch Platz. Da sagte der Herr zu dem Diener: Dann geh auf die Landstraßen und vor die Stadt hinaus und nötige die Leute zu kommen, damit mein Haus voll wird. Das aber sage ich euch: Keiner von denen, die eingeladen waren, wird an meinem Mahl teilnehmen.

Katechese, 2. Teil

Ja, so ist das bei Gott, so erzählt es Jesus: Bei Gott ist es wie bei einer Feier, einem großen Festmahl. Und die Gäste – das sind nicht nur einige ausgewählte Leute. Nein, das sind alle! Das sind gerade die, die draußen auf der Straße stehen. Das sind gerade die, die viele gar nicht haben wollen. Das sind die, zu denen manche sagen: Ach, was ist denn schon mit denen; die zählen doch gar nicht, die haben doch nichts zu sagen.

Und für viele dieser Menschen haben wir schon Zeichen vorne auf den Altar gestellt. Und jetzt wollen wir noch überlegen, wer noch alles zu diesem Mahl eingeladen ist, wer das bei uns ist, den keiner mag, wer das bei uns in N. ist, von dem keiner was wissen will.

Im Gespräch werden die Ausgegrenzten unserer Gesellschaft benannt, bezogen vor allem auf das eigene Dorf, den eigenen Stadtteil.

Kommen die Kinder im Gespräch auf keine weiteren Gruppen, zeigt der Katechet die Zeichen, die er für die einzelnen Gruppen vorbereitet und mitgebracht hat: den Stock für die Senioren, die Krücke für die Behinderten, die Flasche für die Süchtigen, den alten Turnschuh für die „aufmüpfige" Jugend, die fremde Fahne für die Asylbewerber und den umgedrehten Hut für die Obdachlosen und Bettler. Wer im Gespräch eine der Gruppen nennt, trägt das Zeichen zum Altar, während das Kind am Mikrophon kommentiert: „N. bringt einen Stock ... zum Altar. Er ist ein Zeichen dafür, daß Jesus alle alten Leute ... an seinen Tisch geladen hat."

Deswegen können sich alle Menschen freuen, und deswegen können wir voll Freude das Halleluja singen.

Liedruf: Hallelu, hallelu (Tr, Nr. 37 in dt., engl., franz. und lat.)

Fürbitten

Wir sind in die Kirche gekommen, zum Tisch Jesu. Wir brechen das Brot, das uns an Jesus erinnert. Dabei bitten wir unseren Freund und Bruder, Jesus Christus:

Wir bitten dich für alle, die Macht in unserer Gesellschaft haben. Dein Geist bewege ihre Herzen, damit sie ihre Macht einsetzen zum Wohle aller Menschen.
Jesus Christus, unser Freund und Bruder:

Alle: Wir bitten dich, erhören uns.

Wir bitten dich für alle, die den Hilfsbedürftigen helfen. Dein Geist stärke sie, damit sie sich über die Hilfe freuen, die sie bringen, und damit sie neue Kraft erhalten für ihren Dienst.
Jesus Christus, unser Freund und Bruder:
Alle: Wir bitten dich, erhöre uns.

Wir bitten dich für alle armen Menschen in Lateinamerika, in Afrika, Asien und auf der ganzen Welt. Dein Geist mache uns Menschen erfinderisch, damit wir für Menschen Arbeit finden, damit Kinder lernen können, damit Frauen ihr Recht erhalten auf ein würdevolles Leben.
Jesus Christus, unser Freund und Bruder:
Alle: Wir bitten dich, erhöre uns.

Wir bitten für uns alle. Jesus Christus, du lädst alle Menschen an deinen Tisch. Dein Geist erfülle unsere Herzen, damit wir immer mehr wie Geschwister werden.
Jesus Christus, unser Freund und Bruder:
Alle: Wir bitten dich, erhöre uns.

Herr Jesus Christus, du hörst uns, wenn wir zu dir rufen. Stärke uns in diesem Vertrauen. Amen.

Lied zur Gabenbereitung: Let us break bread together (Tr, Nr. 390)

Sanctus: Santo, santo, santo senor (s. Anhang Nr. 17)

Lied zum Friedensgruß: Shalom chaverim im Kanon (Tr, Nr. 55)

Lied zur Kommunion: Musikstück: Gitarre mit Trommel

Gebet
(Nachher wird der Segen eingeleitet mit einem leicht geänderten Segensgebet aus Irland. Deshalb ist das Dankgebet umgestellt und vor das Danklied gezogen worden, um die direkte Doppelung des Gebetes zu vermeiden.)
Herr Jesus Christus, Freund und Bruder aller Menschen,
du hast uns an deinen Tisch gerufen.

Wir haben gemeinsam von dem Brot gegessen,
das uns an dich erinnert.
Dieses Brot stiftet Gemeinschaft zwischen dir und uns
und untereinander.
Diese Gemeinschaft gilt aber allen Menschen.
Alle sind uns Bruder und Schwester.
Dein Geist vertreibe deswegen alle Gleichgültigkeit,
alle Zwietracht, allen Streit und alle Lieblosigkeit.
Und schenke uns und der ganzen Welt deinen Frieden. Amen.

Danklied: Solang es Menschen gibt auf Erden (GL, Nr. 300, 1. + 4. Str.)

Segen
Wir wollen mit einem irischen Gebet um den Segen unseres Gottes
bitten:
Möge das Sonnenlicht uns bescheinen, bis es aufglüht wie ein wär-
mendes Feuer.
Dann kann auch der Gast kommen und sich daran wärmen.
Möge das Licht unserer Augen leuchten wie eine Kerze, die man ins
Fenster stellt, leuchten für alle, denen wir begegnen.
So segne uns der gütige Gott, der Vater, der Sohn und der Heilige
Geist. Amen.

Schlußlied: Er hält die ganze Welt in seiner Hand (mit einer Strophe
in englischer Sprache, in: Mein Liederbuch für heute und morgen,
Nr. D 18)

Ostern
Jesus lebt

Eingangslied: Wir wollen alle fröhlich sein (GL, Nr. 223, 1. und 2. Str.)

(Tages-)Gebet
Guter Gott, Herr über Leben und Tod, wir sind hierhergekommen,
um Ostern zu feiern. Wir wollen feiern, daß das Leben stärker ist als
der Tod. Wir wollen feiern, daß du nicht den Tod willst, sondern das

Leben. Wir wollen feiern, daß du Jesus von den Toten auferweckt hast und daß auch uns neues Leben zugesagt ist. Dafür danken wir dir. Amen.

Bußakt

KatechetIn:
Ja, ein strahlendes Fest wollen wir heute feiern. Dazu laßt uns aber alles, was dem Leben schadet, ablegen: alle bösen Gedanken, allen Ärger und alle Bitterkeit. Dann können wir mit unserem ganzen Herzen mitfeiern.

Kind:
Ja, erinnert euch nur alle: Wie oft hat es schon wieder Streit gegeben in den letzten Tagen. Freunde haben sich gestritten, Geschwister haben sich in die Haare bekommen, Vater und Mutter haben sich gegenseitig beschimpft. – Guter Gott, schenke uns den Geist des Friedens.
Alle: Dies ist mein Gebot: Liebet einander, wie ich euch geliebt (GL, Nr. 626, 4). *Eine Alternative mit einer ähnlichen Textvariante (Dies ist mein Gebot, daß ihr liebt einander, daß die Freude in euch sei), aber mit einer anderen Melodie finden Sie in: Weil du uns gerufen hast, Nr. 149.*

Jugendliche/r:
Ja, erinnert euch nur alle: Über wen haben wir uns nicht alles geärgert. Haben wir nicht bei dem einen oder anderen gedacht: Du Blödmann, du Idiot. – Guter Gott, gieße Freude in unser Herz, damit aller Ärger fernbleibt.
Alle: Dies ist mein Gebot: Liebet einander, wie ich euch geliebt.

Erwachsener:
Ja, erinnert euch nur: Vieles haben wir in den letzten Tagen geschafft und vorbereitet. Wie oft haben wir dabei vergessen, dem anderen ein kleines liebes Wort zu sagen, dem eigenen Kind, dem Partner, dem Freund, dem Fremden. Und wie oft haben wir die kleinen Aufmerksamkeiten vergessen, die das Leben angenehm machen können. – Guter Gott, schenke du uns das rechte Wort zur rechten Zeit, das den anderen froh machen kann.
Alle: Dies ist mein Gebot: Liebet einander, wie ich euch geliebt.

Friedensgebet/Friedensgruß

Herr Jesus Christus, du hast gesagt: Liebt einander. Und wenn wir einander lieben, dann werden wir Leben in Fülle haben. Dann wird dein Friede bei uns einkehren, dein Friede, den du deinen Freunden und uns versprochen hast. „Frieden hinterlasse ich euch, meinen Frieden gebe ich euch." Schenke uns deinen Frieden. Amen.

Der Friede des Herrn sei allezeit mit euch.

Alle: Und mit deinem Geiste.

Gebt einander ein Zeichen der Versöhnung und des Friedens!

Katechese

Ja, Ostern feiern wir heute. Wir haben es im Eingangslied gesungen; Herr Pfarrer/Kaplan N. hat es am Anfang im Gebet schon angesprochen. Wir feiern, daß Jesus von den Toten auferstanden ist. Dazu möchte ich euch Kindern und den Erwachsenen ein Bild zeigen. Es ist ein Bild, das ein Pfarrer gemalt hat. Der Pfarrer heißt Sieger Köder. Ich möchte das Bild gemeinsam mit euch anschauen, weil das Bild ganz viel zeigen kann, was es mit Ostern auf sich hat. Schauen wir es uns einmal an.

Das Bild „Maria von Magdala am Grab" wird über einen Overhead-Projektor eingeblendet. Es ist als farbige Overhead-Folie relativ preiswert zu beziehen beim Religionspädagogischen Seminar der Diözese Regensburg, zusammen mit acht weiteren Jesusdarstellungen von Sieger Köder (Bilder zur Bibel von Sieger Köder. Folge I: Neues Testament 1995, Hg.: Religionspädagogisches Seminar der Diözese Regensburg, Niedermünstergasse 2, 93043 Regensburg). Das Bild wird eine kleine Weile still betrachtet. Danach wird das Bild zusammen mit den Kindern beschrieben. Ein Jugendlicher mit Zeigestock stellt sich neben das Bild. Er zeigt auf die angesprochenen Bildzeichen, damit jeder die Beschreibung verfolgen kann. Nach der Bildbeschreibung wird das Bild gedeutet. Das kann teilweise im Gespräch mit den Kindern geschehen, das muß teilweise in einem kurzen Vortrag des Katecheten/der Katechetin geschehen.

Schwerpunkt der Deutung ist das neue Leben, auf das das Bild hinzeigt (Bildzeichen: das leere Grab, die zerborstenen Grabsteine, der Riß in der Friedhofsmauer, die aufgehende Sonne, die Rosen).

© Sieger Köder. Maria von Magdala am Grab

Nach der Deutung leitet der Katechet/die Katechetin zur Lesung über:
Jesus lebt. Das haben Maria von Magdala und alle anderen Freunde
Jesu erfahren. Gott hat ihn nicht im Tod gelassen. Er hat ihn ins Leben zurückgerufen; er hat ihm neues Leben gegeben. Und so wird er
auch uns neues Leben schenken. Das ist den Freunden Jesu das Wichtigste gewesen. Das haben sie allen erzählt.
Und der Apostel Paulus hat das schon ganz früh den Christen in Ko-
rinth geschrieben. Das ist das Wichtigste: Jesus lebt; Gott hat ihn
auferweckt. Und wir werden mit Jesus leben. Hört nur zu. Das schreibt
Paulus.

Lesung in Auswahl nach 1 Kor 15, 1–22:
Ich erinnere euch alle an die frohe Botschaft, die ich euch gebracht
habe. Vor allem habe ich euch überliefert, was auch ich empfangen
habe:
Christus ist für unsere Sünden gestorben,
gemäß der Schrift,
und ist begraben worden.
Er ist am dritten Tag auferweckt worden,
gemäß der Schrift,
und erschien dem Petrus, dann den Zwölf.
Danach erschien er mehr als fünfhundert Brüdern zugleich; die meisten von ihnen sind noch am Leben, einige sind schon gestorben.
Danach erschien er dem Jakobus, dann allen Aposteln. Als letztem
von allen erschien er auch mir.
Das ist unsere Botschaft, und das ist der Glaube, den ihr angenommen habt. Wenn aber verkündigt wird, daß Christus von den Toten
auferweckt worden ist, wie können dann einige von euch sagen: Eine
Auferstehung der Toten gibt es nicht. Wenn es keine Auferstehung
der Toten gibt, ist auch Christus nicht auferweckt worden. Ist aber
Christus nicht auferweckt worden, dann ist unsere Verkündigung leer;
dann ist unser Glaube sinnlos. Gott hat Jesus aber von den Toten
auferweckt. Und in Christus werden wir alle lebendig werden.

Lied mit Trommeln: Jesus lebt (s. Anhang, Nr. 11)
*Mit dem Lied setzen drei Musiker mit ihren Trommeln ein, die das
Lied begleiten bzw. nach dem Lied noch ein kleines Nachspiel an-*

schließen, um die Bedeutung der Botschaft des Evangeliums und des Liedes zu unterstreichen.

Fürbitten
Herr, guter Gott, du schenkst neues Leben, Leben, das durch keinen Tod vernichtet wird. Im Vertrauen darauf bitten wir dich:

Erwachsener:
Guter Gott, viele sind schon gestorben, die wir gekannt und geliebt haben. Wir bitten dich: Schenke ihnen bei dir das neue Leben in Fülle.
Gott – für uns wie Vater und Mutter:
Alle: Wir bitten dich, erhöre uns.

älterer Erwachsener:
Guter Gott, auch im kommenden Jahr werden einige aus unserer Mitte sterben. Wir bitten dich für sie: Nimm sie auf in dein neues Leben. Und wir bitten dich für die, die zurückbleiben werden: Tröste und stärke sie.
Gott – für uns wie Vater und Mutter:
Alle: Wir bitten dich, erhöre uns.

Jugendlicher:
Guter Gott, überall auf der Welt leben Menschen im Schatten des Todes: dort, wo Kriege geführt werden, dort, wo Hunger quält. Die Auferstehung Jesu mahnt uns auch, die nicht zu vergessen, die in diesem Leben im Elend leben müssen. Laß uns viele kleine Schritte tun, die das Angesicht dieser Erde zum Besseren verändern und das Leben für alle lebenswerter machen.
Gott – für uns wie Vater und Mutter:
Alle: Wir bitten dich, erhöre uns.

Gott – du Geber und Erhalter des Lebens: Bleibe bei uns mit deinem Segen und erhalte die Osterfreude in unseren Herzen. Darum bitten wir dich … Amen.

Lied zur Gabenbereitung: Unser Leben sei ein Fest (Tr, Nr. 373; das Lied mit zwei weiteren Strophen finden Sie in Cantate, Nr. 235)

Sanctus: Daß du mich einstimmen läßt (in: Tr, Nr. 652)

Lied zum Friedensgruß *(entfällt an dieser Stelle; er wurde nach vorne gezogen)*

Agnus Dei
Dort, wo wir an den auferstandenen Jesus denken und zusammen sein Mahl feiern, dort ist Jesus mitten unter uns. Dort begegnen sich Himmel und Erde. Dort geht der Himmel auf. Darum laßt uns zusammen singen: Der Himmel geht über allen auf.
Lied: Der Himmel geht über allen auf (im Kanon, Tr, Nr. 259)

Lied zur Kommunion: Wahrer Gott, wir glauben dir (GL, Nr. 851 im Mainzer Anhang – oder ein anderes Osterlied)

Gebet
Gott des Lebens, wir loben dich. Selbst der Tod hat vor dir keine Macht.
Gott des Lebens, wir danken dir. Denn in der Auferstehung deines Sohnes schenkst du uns Menschen Hoffnung, Hoffnung auf ein neues Leben.
Gott des Lebens, wir singen dir. Freude, Dankbarkeit und Hoffnung tragen wir in unserem Herzen. Und was unser Herz bewegt, das sucht Raum in unserem Lied. Amen.

Danklied: Das ist der Tag, den Gott gemacht (GL, Nr. 220, 1.– 3. Str.)

Segen
Vor dem Segen teilen Kinder rote Rosen an die Gottesdienstteil-nehmerInnen aus. Die roten Rosen stammen aus der Osternacht. Mit ihnen haben die Kinder in der Osternacht die Osterkerze geschmückt. Sie werden jetzt als Zeichen der Osterfreude und als Zeichen des neuen Lebens mit nach Hause gegeben. Sie sollen zudem noch einmal an das Bild von S. Köder erinnern, der die roten Rosen als Bildzeichen der Liebe und des neuen Lebens zwischen den Grabsteinen wachsen läßt.
Der Katechet erklärt das Vorgehen, während die Kinder schon die Rosen austeilen.

Schlußlied: Das ist der Tag, den Gott gemacht (GL, Nr. 220, 4. + 5. Str.)

Ostern (Alternative)
Zeugen der Auferstehung

Katechese

Ja, wir haben es eben schon in einem frohen Lied gesungen, und es wurde eben im Gebet gesagt: Wir feiern heute, daß Jesus von den Toten auferstanden ist.

Erinnert euch aber noch einmal an die letzten Tage. Da waren die Lieder und Gebete nicht so froh wie heute. Da haben wir daran gedacht, daß Jesus gekreuzigt worden ist, daß er auf grausame Art sterben mußte. Das haben seine Freunde nicht verstanden. Sie haben sich gefragt: Warum mußte Jesus sterben. Sie waren tieftraurig. Alle ihre Hoffnungen, die sie mit Jesus verbunden hatten, waren zerstört. Aber einige Tage später: Da hat sich auf einmal alles geändert. Denn da haben einige erfahren: Jesus ist gar nicht mehr tot. Er lebt wieder. Gott hat ihn auferweckt.

Aber hört selbst! So könnten die erzählen, die das erfahren haben:

(Die einzelnen Personen treten nacheinander auf. Nachdem sie sich vorgestellt haben, treten sie vom Mikrophon zurück und bleiben vorne vor dem Altar stehen.)

Ich bin *Maria von Magdala.* Ich muß euch etwas erzählen. Was denkt ihr nur, was mir passiert ist. Ich wollte zum Grab gehen, ich wollte in der Nähe des Menschen sein, den ich geliebt habe – ich wollte in seiner Nähe sein, selbst wenn er im Grab liegt. Aber als ich zum Grab kam, da war das Grab offen. Jesus war nicht mehr darin. Und dann – dann habe ich ihn gesehen. Fragt mich nicht, wie das war. Ich weiß es nicht. Aber ich weiß eines: Er lebt. Jesus lebt. Was sagt ihr dazu?

Alle singen: Refr. von „Jesus lebt" (s. Anhang, Nr. 11)

Ich bin *Petrus.* Was uns passiert ist, das ist unbeschreiblich. Jesus ist doch umgebracht worden. Und wir waren alle so entsetzlich traurig. Alles war vorbei, dachten wir. Vor lauter Angst haben wir uns in unseren Häusern verkrochen. Aber jetzt: Jetzt ist alles anders. Wir sind herausgekommen aus unseren Verstecken. Denn Jesus lebt. Gott hat ihn von den Toten auferweckt. Maria von Magdala hat es uns als erste gesagt: Das wollten wir ihr am Anfang nicht glauben. So ein dummes Geschwätz, haben wir gedacht. Aber dann, dann haben wir es selbst erfahren. Er ist uns begegnet. Wir haben es gespürt: Er lebt. Was sagt ihr dazu?

Alle singen: Refr. von „Jesus lebt"

Ich bin *Johannes*, der Jünger, den Jesus mehr als die anderen mochte. Ich war auch besonders traurig; das könnt ihr euch sicher denken. Aber jetzt: Jetzt kann ich wieder froh sein. Was heißt hier: *ich? Wir* können jetzt alle froh sein. Denn ihr habt es sicher schon gehört: Jesus ist von den Toten auferweckt worden. Gott hat ihn nicht im Tod gelassen. Er lebt wieder. Was sagt ihr dazu?

Alle singen: Refr. von „Jesus lebt"

Ich bin *Kleopas*, einer der zwei Jünger aus Emmaus. Das war vielleicht komisch. Das muß ich euch erzählen. Jesus war gestorben. Und wir waren alle tief traurig. Und wir haben gesagt: Kommt, wir gehen nach Hause; es hat doch alles keinen Zweck mehr. Und dann sind wir losgegangen. Aber auf dem Weg haben wir jemanden getroffen, der ist mit uns gegangen. Erst haben wir ihn gar nicht gekannt. Aber je länger wir mit ihm gesprochen haben, um so deutlicher wurde uns: Das ist uns alles so bekannt, was der uns erzählt. Das kennen wir von Jesus. Und als wir dann noch bei Tisch saßen und er das Brot segnete und brach, da erkannten wir auf einmal: Das ist tatsächlich Jesus gewesen. Natürlich: Wir können ihn nicht so sehen, wie jeder von euch seinen Nachbarn sieht. Aber wir können ihn erfahren. Wir erfahren, daß er lebt. Wenn wir nur auf sein Wort hören und in der Gemeinschaft seiner Freunde das Brot brechen: Dann ist Jesus bei uns. Das ist doch eine tolle Botschaft! Was sagt ihr dazu?

Alle singen: Refr. von „Jesus lebt"

Ich bin *Paulus.* Ich selbst habe Jesus nie kennengelernt, als er hier auf Erden lebte. Aber seine Freunde, die kannte ich. Und weil ich doch Jude war, habe ich gedacht: Was die glauben – das ist völlig falsch. Dieser Jesus ist kein besonderer Mensch – habe ich gedacht. Und deswegen habe ich diese sogenannten Christen verfolgt. Und wir haben sie getötet. Aber dann, ja dann habe ich etwas erlebt, das ist einfach wunderbar. Ich habe erlebt, daß Jesus wirklich lebt. Ich habe erlebt, daß er wirklich ein besonderer Mensch war. Ich habe gemerkt: Mit ihm ist es noch nicht aus. Wie ich das erfahren habe? – Das kann ich euch gar nicht so genau sagen. Es war wie eine Erscheinung. Aber seitdem weiß ich: Jesus lebt. Und wenn er lebt, wenn er von den Toten auferstanden ist, dann werden auch wir von den Toten auferstehen – jeder einzelne von uns. Das ist doch eine wirklich frohe Botschaft, ein Evangelium! Was sagt ihr dazu?

Alle singen: Refr. von „Jesus lebt"

Ich bin *Matthäus.* Ihr wißt das sicher: Ich habe ein Evangelium geschrieben, eine frohe Botschaft vom Leben Jesu. Dabei habe ich Jesus selbst nie kennengelernt. Ihr fragt dann sicher: Ja, wo hast du das denn alles her, was du von Jesus aufgeschrieben hast? Nun, ich habe mit ganz vielen Leuten gesprochen, mit Leuten, die Jesus noch persönlich gekannt haben, und mit vielen anderen. Alle haben sie mir von ihm erzählt. Und ihr glaubt nicht, wie begeistert die von Jesus erzählt haben. Da habe ich gespürt: Mensch, die sind wirklich von diesem Jesus gepackt; die sind von ihm begeistert. Und wißt ihr, was mir die Leute als erstes von ihm erzählt haben? Jesus ist für uns gestorben, und Gott hat ihn auferweckt. Er ist nicht im Tod geblieben. Gott hat ihn aus dem Tod ins Leben geholt. Und als wir das erfahren haben – so haben sie gesagt –, da wußten wir auf einmal: Dieser Jesus ist Gottes Sohn, er ist der Messias, der Gesalbte Gottes, der die Menschen retten kann. Das war allen das Wichtigste; das haben mir alle als erstes erzählt. Was sagt ihr dazu?

Alle singen: Refr. von „Jesus lebt"

KatechetIn:
Wir haben es gehört. Ganz viele haben erfahren: Jesus lebt. Das hat die Freunde Jesu begeistert, so begeistert, daß sie es erzählen mußten. Sie sind die Zeugen dafür, daß Jesus lebt. Für dieses Zeugnis sind sie in die Welt gegangen und haben überall von diesem Jesus erzählt. Für dieses Zeugnis haben sie den Tod auf sich genommen.

Und diesem Zeugnis glauben wir. Einen Teil dieses Zeugnisses hören wir jetzt im Evangelium.

Evangelium Mt 28, 1–8:
Nach dem Sabbat kamen in der Morgendämmerung des ersten Tages der Woche Maria aus Magdala und die andere Maria, um nach dem Grab zu sehen. Plötzlich entstand ein gewaltiges Erdbeben; denn ein Engel des Herrn kam vom Himmel herab, trat an das Grab, wälzte den Stein weg und setzte sich darauf. Seine Gestalt leuchtete wie ein Blitz, und sein Gewand war weiß wie Schnee. Die Wächter begannen vor Angst zu zittern und fielen wie tot zu Boden. Der Engel aber sagte zu den Frauen: Fürchtet euch nicht! Ich weiß, ihr sucht Jesus, den Gekreuzigten. Er ist nicht hier; denn er ist auferstanden, wie er gesagt hat. Kommt her und seht euch die Stelle an, wo er lag. Dann geht schnell zu seinen Jüngern und sagt ihnen: Er ist von den Toten auferstanden. Er geht euch voraus nach Galiläa, dort werdet ihr ihn sehen. Ich habe es euch gesagt. Sogleich verließen sie das Grab und eilten voll Furcht und großer Freude zu seinen Jüngern, um ihnen die Botschaft zu verkünden.

Lied: Jesus lebt *(Jetzt wird das ganze Lied gesungen.)*
Mit dem Lied setzen drei Musiker mit ihren Trommeln ein, die das Lied begleiten bzw. nach dem Lied noch ein kleines Nachspiel anschließen, um die Bedeutung der Botschaft des Evangeliums und des Liedes zu unterstreichen.

Pfingsten
Wir sind be-geist-ert

Eingangslied: Komm, Schöpfer Geist (GL, Nr. 245, 1., 2., 4. Str.)

(Tages-)Gebet
Guter Gott, wir sind hierhergekommen, um ein Fest zu feiern. Wir sind hierhergekommen, um an dich zu denken und dir Dank zu sagen, Dank für deine guten Gaben, Dank für die Schöpfung und Dank für deinen Heiligen Geist. Öffne unser Herz, damit es ein gutes, frohes Fest wird. Amen.

Katechese, 1. Teil
Drei Jugendliche und Kinder kommen nach vorne. Der erste ist Fan eines Fußballclubs, der zweite Fan einer Popgruppe, genau wie der dritte, der erkennbar Ähnlichkeit mit einem Pop-Idol hat.

Ich bin Fan des ... . Das könnt ihr ganz klar sehen an meinem Schal, meiner Mütze und meinem Trikot. Ich schaue mir jedes wichtige Spiel von denen im Fernsehen an. Wo ich hinfahren kann, gehe ich auch ins Stadion. Wenn die spielen, bin ich begeistert. Ich find' die einfach gut. Und ich freue mich jedesmal, wenn ich die sehe. Ich hoffe nur, ...

Ich bin Fan von den ... . Ich finde die Musik von denen Spitze. Ich höre mir alles an, was die singen. Wenn ein Lied von denen im Radio kommt, höre ich ganz genau zu. Ich bin einfach begeistert von denen. Da – hört sie euch mal an! (Aus einem mitgebrachten Kassettenrecorder wird ein kurzer Ausschnitt aus einem bekannten Song vorgespielt.)

Ich bin begeistert von ... . Das könnt ihr ja auch sehen. Ich trage die Haare so ungefähr wie ... . Ich find' die wirklich toll. Und ich mag die richtig. Mit meinen Freunden reden wir oft über sie.

Während die drei sprechen, hängt der/die KatechetIn Symbole an eine Tafel, wenn sie angesprochen werden:
ein Auge   →   etwas sehen, genau hinschauen
einen Fuß   →   irgendwo hingehen
einen „Smily"   →   sich freuen über etwas
ein Ohr   →   hören, genau und aufmerksam zuhören

einen Mund → von etwas erzählen
ein Herz → jemanden mögen, an jemanden immer wieder denken

KatechetIn:
Wir haben von N., N. und N. gehört, wovon sie begeistert sind. Wir haben auch gehört, woran man das sieht – diese Begeisterung. Während die drei erzählt haben, habe ich diese Zeichen aufgehängt. Daran kann man nämlich sehen, daß jemand begeistert ist. Schaut einmal her! Wer von jemandem begeistert ist, der *sieht (KatechetIn zeigt jeweils auf die Zeichen)* immer wieder zu demjenigen hin, der sieht immer wieder, was der macht. Wer von jemandem begeistert ist, der *geht* dahin, wo er den oder die sehen und hören kann. Und das sind manchmal ganz lange Wege, die jemand geht. Wer von jemandem begeistert ist, der *hört*: hört auf das, was der oder die sagen oder singen. Der hört sich alles an, was von denen kommt. Wer von jemandem begeistert ist, der *erzählt*: erzählt von demjenigen; der erzählt seinen Freunden, was es Neues zu berichten gibt; vom letzten Spiel, von dem letzten Konzert, von der letzten Nachricht. Wer von jemandem begeistert ist, der *freut sich*: freut sich, wenn er denjenigen sieht oder hört, wenn er zu ihm hinkommen darf, wenn er bei ihm sein kann. Und wer von jemandem begeistert ist, der mag denjenigen, der *findet* ihn *gut*, der findet ihn toll, der hat ihn vielleicht richtig gerne oder liebt ihn sogar.
So, jetzt schauen wir einmal auf die Jünger Jesu, auf seine Freunde. Die waren nämlich auch begeistert. Die waren von Jesus begeistert. Und all unsere Zeichen passen auch auf die Freunde Jesu, auf Petrus und Thomas, auf Johannes und Jakobus und wie sie alle hießen. Überlegt mal! *(Der/die KatechetIn deutet auf die einzelnen Zeichen und erarbeitet im Gespräch mit den Kindern: Die Jünger Jesu gehen mit ihm / freuen sich, bei ihm zu sein / sehen, was er macht / hören, was er predigt / haben ihn gerne / erzählen von ihm.)*
Ja, und heute feiern wir hier in der Kirche Pfingsten. Wir feiern, daß Gott uns seinen Geist geschenkt hat. Jedem von uns, der getauft ist, ist dieser Geist Gottes versprochen. Das heißt eigentlich: *Wir sind alle begeistert. (Der/die KatechetIn hängt Streifen mit groß geschriebenen Buchstaben über die Zeichen. Das Wort „Geist" in „begei-*

stert" *ist noch einmal besonders hervorgehoben.)* Aber das hören wir uns erst einmal in der Bibel an.

Lesung Mt 28, 16–20:
Die elf Jünger gingen nach Galiläa auf den Berg, den Jesus ihnen genannt hatte. Und als sie Jesus sahen, fielen sie vor ihm nieder. Einige aber hatten Zweifel. Da trat Jesus auf sie zu und sagte zu ihnen: Mir ist alle Macht gegeben im Himmel und auf der Erde. Darum geht zu allen Völkern, und macht alle Menschen zu meinen Jüngern; tauft sie auf den Namen des Vaters und des Sohnes und des Heiligen Geistes, und lehrt sie, alles zu befolgen, was ich euch geboten habe. Seid gewiß: Ich bin bei euch alle Tage bis zum Ende der Welt.

Katechese, 2. Teil
So, wir alle sind getauft auf den Namen des Vaters und des Sohnes und des Heiligen Geistes. Auf seinen Namen sind wir getauft worden. Das heißt, Gott hat uns diesen seinen Geist geschenkt. Und die Jugendlichen und Älteren unter uns haben außerdem noch das Sakrament der Firmung gefeiert, in dem uns der Geist Gottes noch einmal zugesagt worden ist. Jetzt laßt uns kurz überlegen, wo und wie wir von Gott, von Jesus begeistert sind. Laßt uns überlegen, wo uns der Geist Gottes bewegt, wo er uns sehen, hören, gehen, reden läßt. *(Der/die KatechetIn deutet auf Zeichen.)* Das ist für euch Kinder vielleicht noch etwas schwer, aber probiert's ruhig mal aus. Und wenn euch nichts einfällt, dann laßt einfach mal uns Erwachsene in Ruhe überlegen. *(kurze Stille)*

Bußakt und Fürbitten
Herr, guter Gott, manchmal ist es mit unserer Begeisterung nicht weit her. Darum wollen wir uns besinnen und Fürbitte halten:

Kind:
(Bei jeder Besinnung und Fürbitte deutet der Katechet wiederum auf die Zeichen, die noch vor dem Altar stehen, um so die Verbindung zu dem Vorhergehenden herzustellen.)
Guter Gott, unsere Welt ist schön. Aber oft sehen wir das Schöne in unserer Welt nicht. Dein Geist öffne unsere Augen, damit wir das

Schöne wieder sehen und in dem Schönen dich ahnen.
Alle: Herr, erbarme dich (Liedruf in: Tr, Nr. 165, 1. Zeile)

Jugendlicher:
Guter Gott, wie oft gehen wir dorthin, wo wir dir begegnen können:
im armen, kranken, einsamen Menschen? Es ist nicht allzu oft. Dein
Geist bewege uns, damit wir uns zu den Menschen aufmachen, die
unsere Hilfe brauchen.
Alle: Herr, erbarme dich

Jugendlicher:
Guter Gott, oft hören wir nicht auf deine Worte. Die Bibel scheint uns
zu alt, ihre Sprache zu fremd. Dein Geist öffne unsere Ohren, damit
wir auf dein Wort hören.
Alle: Herr, erbarme dich

Erwachsener:
Guter Gott, wann haben wir das letzte Mal von dir gesprochen? Es ist
schon recht lange her. Wann haben wir das letzte Mal zu dir gespro-
chen und gebetet? Auch das ist nicht so oft. Dein Geist schenke uns
Worte, Sprache, in der wir von dir erzählen und zu dir beten können.
Alle: Herr, erbarme dich

Erwachsener:
Guter Gott, ist in unserem Herzen Platz für dich? Ist in unseren Gedanken Platz für dich? Nein, Herz und Gedanken sind oft übervoll,
so daß kein Platz für dich ist. Dein Geist schaffe Raum in unserem
Herzen und in unseren Gedanken – für dich.

älterer Erwachsener:
Guter Gott, wie oft ist uns das Denken an dich, das Gebet zu dir, das
Danksagen im Gottesdienst, das Hören auf dein Wort lästige Pflicht.
Dein Geist schenke uns Freude, die beflügelt, wenn wir an dich den-
ken und auf dein Wort hören.
Alle: Herr, erbarme dich

Herr, guter Gott, höre unsere Bitten. Dein Geist erneuere uns, dein
Geist bewege uns, dein Geist mache uns zu begeisterten, glauben-
den Menschen. Amen.

Lied zur Gabenbereitung: Dein Geist weht, wo er will (Tr, Nr. 493)

Sanctus: Heilig ist Gott in Herrlichkeit (GL, Nr. 469)

Ruf zum Hochgebet: Wir preisen deinen Tod (Tr, Nr. 124)

Lied zum Friedensgruß: Hewenu shalom alechem (Kanon, Tr, Nr. 54)

Lied zur Kommunion: Die Sache Jesu braucht Begeisterte (Tr, Nr. 366)

Danklied: Komm, Herr, segne uns, daß wir uns nicht trennen (s. Anhang, Nr. 13)

Gebet
Ja, segne uns, guter Gott. Und dein Segen bleibe bei uns, wo auch immer wir hingehen. Dann können wir selbst zum Segen werden, wenn wir als begeisterte Menschen in deinem Geist leben. Amen.

Segen

Schlußlied: Der Geist des Herrn erfüllt das All (GL, Nr. 249, 1. und 4. Str.)

Pfingsten (Alternative)
Wir geraten in Bewegung

Katechese, 1. Teil
(Zwei Jugendliche sitzen an einem Tisch, gedeckt mit Suppentellern, ein dampfender Topf in der Mitte. Es beginnt ein Gespräch zwischen diesen beiden Jugendlichen, angestoßen durch einen dritten Jugendlichen, der an einem anderen Mikrophon steht und Schlagzeilen vorliest. Die Schlagzeilen wurden gesammelt aus der Tageszeitung der vergangenen Woche. Im folgenden werden nur vier Beispiele genannt. Die Schlagzeilen müssen ohnehin jeweils aktualisiert werden. Nach jedem Gesprächsteil essen die beiden Jugendlichen am Tisch jeweils demonstrativ ein oder zwei Löffel Suppe, bevor die nächste Schlagzeile vorgelesen wird.)

Nach jeweils zwei Szenen singen Schola und Gemeinde den
Kanon „Brich auf, bewege dich" (s. Anhang, Nr. 3)

1. Jugendlicher: 15jähriger stach 18jährigen nieder. Der Verletzte starb
noch auf der Straße.

2. Jugendlicher: Du, hast du das gehört? Das ist ja schlimm.

3. Jugendlicher: Ja, wo man auch hinhört und hinsieht: Die Gewalt
nimmt überall zu.

2. Jugendlicher: Aber da müßte man doch was dagegen tun!

3. Jugendlicher: Was willst du denn dagegen tun? Nichts kannst du
dagegen tun. Komm, laß dir deine Suppe schmecken. Iß weiter!

1. Jugendlicher: Die Gewalt an den Schulen nimmt zu.

2. Jugendlicher: Ei, da hörst du es ja schon wieder. Das ist ja genau
das gleiche. Schlimmer noch. Das ist direkt bei uns – auf dem Schul-
hof.

3. Jugendlicher: Ja, Gewalt findest du halt überall.

2. Jugendlicher: Aber vielleicht können wir hier, direkt bei uns, etwas dagegen tun.

3. Jugendlicher: Ja, was willst du denn tun? Stör dich doch einfach
nicht daran. Willst du dich etwa einmischen, wenn jemand verprügelt wird? Und am Ende selbst Prügel beziehen? Nein, danke.
Komm, iß weiter.

Kanon: Brich auf, bewege dich

1. Jugendlicher: Ozon-Loch wird immer größer. Verkehr als zuneh-
mendes Problem

2. Jugendlicher: Das ist wirklich ein Problem. Ich habe gehört, dann
werden viel mehr Leute an Hautkrebs erkranken. Aber jetzt, wo
das jeder weiß, da werden die Leute bestimmt weniger Auto fahren.

3. Jugendlicher: Hahaha, da kann ich ja nur mal lachen. Keinen Kilo-
meter werden die Leute weniger fahren.

2. Jugendlicher: Ja, aber man kann doch nicht einfach so weitermachen wie bisher. Wir kennen doch alle die Folgen.

3. Jugendlicher: Das siehst du doch, daß wir alle so weitermachen
können. Oder hast du schon jemanden gesehen, der sich geändert
hätte? Ich nicht! Komm, iß weiter!

1. Jugendlicher: Wie gegen Fluglärm vorgehen? Kontroverse Auffassungen im Stadtrat
2. Jugendlicher:
3. Jugendlicher:
2. Jugendlicher:
3. Jugendlicher:

Kanon: Brich auf, bewege dich

Das, was wir hier gesehen haben, das gibt es ganz oft in unserem Leben. Wir merken, daß irgend etwas falsch läuft, daß irgend etwas nicht richtig ist. Aber wir können uns nicht aufraffen, etwas daran zu ändern. Wir bewegen uns nicht; wir machen den ersten Schritt nicht – so haben wir ein paar Mal gesungen. Und das hat etwas mit dem Fest heute zu tun; das hat mit Pfingsten zu tun; das hat mit dem Heiligen Geist zu tun, den uns Gott geschenkt hat. Das hören wir gleich in der Lesung. Achtet einmal darauf. Dabei müßt ihr daran denken, daß die Freunde Jesu nach seinem Tod sicher große Angst hatten. Die bewegten sich auch nicht, die waren wie gelähmt vor Angst. Und jetzt hört mal zu!

Lesung nach Apg 2, 1–17:
Als der Pfingstsonntag gekommen war, befanden sich alle am gleichen Ort. Da kam plötzlich vom Himmel her ein Brausen, wie wenn ein heftiger Sturm daherfährt. Und der Sturm erfüllte das ganze Haus. Und es erschienen ihnen Zungen wie von Feuer; die verteilten sich, und auf jedem von ihnen ließ sich eine nieder. Da wurden alle mit dem Heiligen Geist erfüllt, und sie begannen, in fremden Sprachen zu reden, wie es der Geist ihnen eingab.
Da bewegte sich Petrus, er trat vor die Leute hin und begann zu reden: Ihr Juden und alle Bewohner von Jerusalem: Heute ist geschehen, was Gott schon durch den Propheten Joël gesagt hat: Ich werde meinen Geist ausgießen über alle Menschen. Eure Söhne und eure Töchter werden Propheten sein, und mein Geist wird Vorstellungen in ihnen wachrufen, die sie bewegen werden.

Kanon: Brich auf, bewege dich

Katechese, 2. Teil

Ja, das ist Heiliger Geist. Petrus und seine Freunde sitzen bewegungs-
los, starr vor Angst, im Haus. Der Geist aber ergreift sie, bewegt sie,
läßt sie aufstehen, läßt sie herausgehen und ohne Angst reden. Jetzt
können sie sich einmischen, jetzt können sie mitreden, jetzt können
sie erste Schritte tun, jetzt können sie wie die Propheten Unrecht
beim Namen nennen und etwas dagegen tun. Um diesen bewegen-
den Geist Gottes laßt uns bitten.

Fürbitten

Kind:
Guter Gott, wie oft gibt es Streit bei uns – zu Hause, mit Freunden, in
der Schule. Wie oft fehlt uns der Mut, den ersten Schritt zur Versöh-
nung zu tun. Schenke uns deinen Geist, der uns Mut für den ersten
Schritt macht.
*Alle: (Schola und Gemeinde singen im Anschluß an eine Bitte je-
weils die erste Zeile des*
Liedes „Du, Herr, gabst uns dein festes Wort, gib uns allen deinen
Geist", in: Tr, Nr. 187.
*Das Lied wird im Verlauf des Gottesdienstes dann vollständig gesun-
gen.)*

Jugendlicher:
Guter Gott, wie oft sehen wir das Elend und die Not dieser Welt. Und
wie oft sehen wir darüber hinweg, weil wir scheinbar ohnmächtig
sind und doch nichts ändern können. Schenke uns deinen Geist, der
unsere Herzen und unsere Gedanken bewegt, damit uns doch kleine
Schritte einfallen.
Alle: Du, Herr, gabst uns dein festes Wort, gib uns allen deinen Geist

Erwachsener:
Guter Gott, wie oft sind wir frustriert, einfach nur k.o. Da gab's schon
wieder Streit mit dem Partner, da gab's schon wieder Streit mit den
Kindern, da gab's schon wieder Ärger auf der Arbeitsstelle. Dann
verliert man alle Lust, etwas zu tun. Schenke uns deinen Geist, der
uns bewegen kann, der uns herausführen kann aus allen trübsinni-
gen Gedanken und Gefühlen.
Alle: Du, Herr, gabst uns dein festes Wort, gib uns allen deinen Geist

älterer Erwachsener:
Guter Gott, wenn man älter wird und es anfängt, hier weh zu tun und dort zu zwicken, dann könnte man manchmal einfach nur noch alles laufen lassen. Schenke du uns deinen Geist, der uns immer wieder anspornt, unser Leben zu gestalten und unserem Leben Tag für Tag einen Sinn zu geben.
Alle: Du, Herr, gabst uns dein festes Wort, gib uns allen deinen Geist

Gott, der du uns Vater und Mutter bist, du läßt uns nicht allein. Du hast uns deinen guten Geist versprochen. Im Vertrauen darauf wollen wir leben, heute und alle Tage unseres Lebens. Amen.

Erntedank
Alles muß klein beginnen

Eingangslied: Singet, danket unserm Gott (GL, Nr. 277)
(Vier Kinder tragen beim Einzug vier verdeckte Körbchen zum Altar und stellen sie dort ab.)

„Lobakt"
Wir haben uns heute hier versammelt, um Gott für alles zu danken, was er uns das Jahr über geschenkt hat. Wir wollen ihn loben und preisen.

Liedruf: „Singet, danket unserm Gott" (GL, Nr. 277) *(Es wird immer nur der erste Satz des Liedes gesungen.)*

1. Erwachsener:
Guter Gott, du gibst uns die Fähigkeit, zu säen und zu ernten. Du aber läßt wachsen und reifen.

Liedruf

2. Jugendlicher:
Du gibst jedem kleinen Ding seine Bestimmung und die Möglichkeit, sich zu entfalten. Uns aber gibst du die Phantasie, unsere Welt zu gestalten und zu verändern.

Liedruf

3. Kind:
Wunderbar und sinnvoll hast du alles gemacht. Besonders großartig hast du dir uns Menschen ausgedacht.

Liedruf

Katechese
KatechetIn:
Ja, wir haben wirklich zu danken und Gott zu loben. Deshalb feiern wir ja auch heute Erntedank. Wofür wir zu danken haben, das wollen wir uns gemeinsam überlegen. Warum wir Gott loben, darüber wollen wir nachdenken.
Dazu möchte ich aber zuerst mit euch ein Lied einüben:

Refrain: Alles muß klein beginnen (s. Anhang, Nr. 2)
(Wenn die Gemeinde den Refrain einigermaßen singen kann, werden Bewegungen dazu eingeübt).
Vielleicht ahnt ihr, vielleicht ahnen Sie jetzt schon, warum wir Gott danken können. Einige Kinder wollen uns das aber noch einmal deutlich zeigen.

1. Kind:
(kommt nach vorne. Es hält zwischen Zeigefinger und Daumen ein Weizenkorn. Es zeigt Zeigefinger und Daumen und sagt:)
Ich habe hier etwas Kostbares.

KatechetIn:
Wir können wohl alle nicht erkennen, was N. zwischen den Fingern hält. Aber vielleicht habt ihr eine Idee, was es sein könnte?
(Ein paar Kinder raten. Eventuell Impuls als Hilfe:)
Es hat etwas mit dem Lied von eben zu tun und mit dem Fest, das wir heute feiern.
(Wenn niemand das Weizenkorn nennt, gibt der Katechet dem Kind in die andere Hand eine Weizenähre. Es kann aber auch jeweils ein zweites, kleineres Kind mit nach vorne kommen, das dann die Weizenähre ... in die Hand bekommt.)
So, jetzt wißt ihr alle, was es war: ein Weizenkorn. Und dazu paßt wieder unser Lied, das wir jetzt noch einmal singen.

Lied: Alles muß klein beginnen
(singen mit Bewegungen)

2. Kind:
(Während das 1. Kind zur Seite tritt, aber am Altar stehen bleibt, kommt das 2. Kind nach vorne. Es hält zwischen Zeigefinger und Daumen einen Sonnenblumensamen. Es zeigt Zeigefinger und Daumen und sagt:)
Ich habe hier etwas sehr Schönes. Könnt ihr es erraten?
(Wenn 2 oder 3 Kinder geraten haben, gibt der Katechet dem Kind oder einem weiteren Kind eine Sonnenblume in die andere Hand.)

KatechetIn:
So, ein Sonnenblumensamen war das. Auch dazu paßt unser Lied.

Lied: Alles muß klein beginnen
(singen mit Bewegungen)

3. Kind:
(kommt nach vorne. Es hält zwischen Zeigefinger und Daumen einen Kürbiskern. Es zeigt Zeigefinger und Daumen und sagt:)
Ich habe hier etwas, das ist nur etwas größer als ein Sonnenblumenkern. Aber was daraus wird, das wird richtig dick. Und ganz gelb ist es.
(Das Kind stellt sich neben einen Kürbis.)

KatechetIn:
Seht wirklich einmal hierher. Was aus so einem kleinen Samen werden kann. Was meint ihr wohl: So ein Kürbis wird in einem Vierteljahr so schwer wie manche Kinder erst mit neun Jahren. Da werden wir wohl auch singen:

Alternative:
(Wo es keinen Kürbis im Erntedankaltar gibt, läßt sich leicht eine Alternative finden. 3. Kind kommt nach vorne. Es hält zwischen Zeigefinger und Daumen eine Walnuß. Es zeigt Zeigefinger und Daumen und sagt:)
Ich habe hier etwas, das ist so groß, daß ihr es schon sehen könnt. Es ist eine Walnuß.
(Das Kind erhält einen Zweig von einem Walnußbaum.)

KatechetIn:
Ja, die Walnuß ist zwar etwas größer als das Weizenkorn oder der Sonnenblumensamen. Aber das Lied paßt trotzdem. Denn – was meint ihr – wie groß wird wohl so ein Walnußbaum? – Dann wollen wir wieder singen:

Lied: Alles muß klein beginnen
(singen mit Bewegungen)

4. Kind:
(kommt nach vorne. Es hält zwischen Zeigefinger und Daumen eine Kastanie. Es zeigt Zeigefinger und Daumen und sagt:)
Ich habe hier etwas, das wird noch viel größer als ein Walnußbaum.
(Die Kastanie, die das Kind in der Hand hält, ist gut zu erkennen; sie wird sofort benannt. Das Kind erhält einen Zweig von einem Kastanienbaum.)

Lied: Alles muß klein beginnen
(singen mit Bewegungen)

KatechetIn:
Und jetzt wollen wir uns noch was anschauen.
(Der/die KatechetIn ruft ein kleines Kind oder Eltern mit ihrem Baby an den Altar.)
Auch wir sind aus einem ganz kleinen Anfang geworden. Auch jeder von uns war am Anfang seines Lebens so winzig klein im Bauch der Mutter, daß man uns mit bloßem Auge gar nicht hätte sehen können. Und wenn wir uns den N. ansehen, dann erkennen wir auch, wieviel selbst der noch wachsen muß. Da müssen wir doch wohl auch singen: Alles muß klein beginnen.

Lied: Alles muß klein beginnen
(singen mit Bewegungen)

KatechetIn:
Jetzt wissen wir alle, warum wir Gott danken und loben sollen. Und ihr könnt das jetzt bestimmt sagen.
(In einem kurzen Gespräch wird noch einmal zusammengefaßt, worin das Wunderbare des Werdens und Wachsens besteht und daß das

ein Grund ist, zu staunen und Gott zu danken und zu loben. Dieses Zusammenfassen ist wichtig, um den einen Gedanken noch einmal hervor- und ins Bewußtsein zu heben, um den das Thema des Gottesdienstes kreist.)
Und jetzt schaut noch einmal auf diesen schönen Erntedankaltar, den uns einige Frauen hier aufgebaut haben. Alles ist aus solchen kleinen Samen gewachsen. Und so haben wir genug zu essen für das ganze nächste Jahr. Und weil das nicht selbstverständlich ist, darum danken wir Gott am Erntedankfest. Wir wollen jetzt zu Gott beten. Und mit dem Blick auf diese Gaben wollen wir dann hören, was in der Bibel steht.

Pfarrer, Kaplan, Diakon ...:
Guter Gott, wie schön ist jedes,
wie wunderbar hast du alles geschaffen.
Aus einem kleinen Samen wird eine große Blume,
aus einem anderen Samen ein mächtiger Baum.
Wir danken dir, guter Gott, für die kleinen Samen.
Du gibst Kraft zum Wachsen.
Laß uns das Kleine hüten und schützen und pflegen,
damit es groß werden kann.
Schau auch auf uns.
Gib du die Kraft zum Wachsen und behüte uns! Amen.

Lesung Ps 150: Das große Halleluja
Halleluja! Lobt Gott in seinem Heiligtum, lobt ihn in seiner mächtigen Feste! Lobt ihn für seine großen Taten, lobt ihn in seiner gewaltigen Größe! Lobt ihn mit Pauken und Tanz, lobt ihn mit Flöten und Saitenspiel! Lobt ihn mit hellen Zimbeln, lobt ihn mit klingenden Zimbeln! Alles, was atmet, lobe den Herrn!
Halleluja!

Danklied: Laudato si (Tr, Nr. 378)

Bußbesinnung und Fürbitten:
Trotz dieses strahlenden Lobs gibt es vieles bei uns und in der Welt, das besser werden muß. Deswegen halten wir Fürbitte. Damit erbitten wir die Kraft und Hilfe Gottes.

1. Kind:
Guter Gott, für uns ist es selbstverständlich, daß wir viel Obst und Gemüse ernten können. Oft ist es zu selbstverständlich. – Gib uns Augen zu sehen und ein Herz, das staunen kann, staunen darüber, daß aus einer kleinen Blüte eine Frucht und aus einer Frucht ein ganzer Baum werden kann.
Gott, unser Vater – *Alle:* wir bitten dich, erhöre uns.

2. Kind:
Guter Gott, du hast die Erde nicht allein für uns Menschen geschaffen. Auch die Pflanzen und Tiere haben Heimat auf unserem Planeten. – Gib, daß wir uns immer wieder daran erinnern und das Leben der Pflanzen und Tiere achten und bewahren.
Gott, unser Vater –

älterer Erwachsener:
Guter Gott, wir haben die Kraft in uns, die auch im Samen ist: die Kraft zu wachsen. Das vergessen wir zu oft in der täglichen Hektik. – Hilf uns, nicht immer weiter zu hetzen. Gib uns die Ruhe, einmal stehenzubleiben, zu warten, ruhig zu werden, geschehen zu lassen. Nur dann können wir die Kraft Gottes spüren, die in uns wachsen will.
Gott, unser Vater –

Jugendlicher:
Guter Gott, in deiner Gnade findet auch das Knorrige und Unfertige an uns, das nicht gedeihen konnte, Schutz. Gib uns Geduld, wenn sich Dinge langsamer entwickeln, als wir es uns wünschen.
Gott, unser Vater –

Erwachsener:
Guter Gott, wir wollen auch an die in unserer Pfarrgemeinde denken, die nicht säen und ernten durften. In unserer Gemeinde leben allein ...[29] Frauen und Männer, die erwerbslos sind. Andere sind krank oder durch Krankheit arbeitsunfähig. Dein Geist stärke sie; laß sie in ihrer Situation Sinn finden, und schenke allen, die Verantwortung tragen, Phantasie und Mut, diese Situation zu ändern.
Gott, unser Vater –

---

[29] Fragen Sie bei der KAB oder beim ortsansässigen Arbeitsamt nach. Die können Ihnen sagen, wie viele Menschen in Ihrem Wohnort keine Arbeit haben.

Guter Gott, wir vertrauen darauf, daß du unsere Bitten hörst, die ausgesprochenen und die unausgesprochenen. Bleibe bei uns mit deinem Frieden. Bleibe vor allem bei denen, die in unseren Dank und Lob nicht miteinstimmen können, weil ihnen das tägliche Brot fehlt oder weil sie dich nicht kennen. Amen.

Lied zur Gabenbereitung: Wir tauschen aus, wir tauschen ein (Tr, Nr. 544)

Sanctus: Hallelu, hallelu, hallelu, halleluja, preiset den Herrn (Tr, Nr. 37)

Lied nach der Wandlung: Wir preisen deinen Tod (im Kanon, Tr, Nr. 124)

Lied zum Friedensgruß: Herr, gib uns deinen Frieden (im Kanon, Tr, Nr. 143)

Danklied: Laudato si – Sonnengesang (Tr, Nr. 378)
(Zum Dank enthüllen vier Kinder die Körbchen auf dem Altar und tragen sie nach einer kurzen Erläuterung in den Gemeinderaum. An jeder Bankreihe wird eine Handvoll Samen ausgeteilt, so daß jeder in der Bank einen Samen bekommt. Bevor die Kinder kommen, wird diese Aktion kurz angekündigt und erläutert.)

Verteilen von Samen
Auf dem Altar stehen immer noch die verdeckten Körbchen mit ihrem geheimnisvollen Inhalt. Aber viele von euch wissen sicher schon, was darin ist. – Ja, es sind ganz verschiedene Samen, die einige Kinder jetzt an alle in der Kirche austeilen wollen. Diese Samen sollen uns an den Gottesdienst heute, an das Lied und an den Geber alles Guten, an Gott, erinnern. Vielleicht nimmt der eine oder andere seinen Samen auch mit nach Hause, pflanzt ihn ein und läßt sich überraschen, was daraus wächst. Die Kinder gehen jetzt an den Bankreihen vorbei und geben eine Handvoll Samen den ersten in der Bank. Sind Sie bitte so nett und reichen Sie die Samen dann weiter.

Gebet

Guter Gott,
wieviel Schönes gibt es auf unserer Erde.
Wir staunen über die verschiedenen Pflanzen und Tiere.
Welches Wunder ist jeder Mensch, der auf dieser Erde geboren wird.
Wir danken dir, daß du die Erde mit allem, was lebt, ins Leben gerufen hast.
Wir danken dir, daß du uns alle in deinen Händen hältst und das Leben bewahrst.
Das ist unser Glaube.
Stärke uns in dem Glauben an dich, und lehre uns,
liebevoll zu leben und gut umzugehen mit unserer Erde, mit deiner Schöpfung. Amen.

Segen

Schlußlied: Nun danket alle Gott (GL, Nr. 266)

Erntedank (Alternative)
Wir danken dir, Gott, Schöpfer der Welt

Hinführung zur Katechese

(Drei Kinder kommen nach vorne zum Altar)
1. Kind: Oh, schau mal, das sieht ja toll aus. Hier wird bestimmt was gefeiert. Ob die wohl alle wissen, was heute los ist?
(1. Kind fragt irgendein Kind aus den Bänken.)

2. Kind: *(beißt in eine Zwetschge)*
Mmmh, die ist gut. Wo die wohl herkommt?

3. Kind: (beißt hörbar in einen Apfel)
Ist doch klar. Von den Bauern am Ort (o. ä.).

1. Kind:
Oh, Mann, natürlich kommt das alles von unseren Bauern. Aber habt ihr euch eigentlich schon mal gefragt, warum es überhaupt so etwas gibt, so viel Obst, so viel Gemüse, so viel zu essen?

Katechese, 1. Teil

N. hat eben eine Frage gestellt, über die wir etwas nachdenken wollen. Wo kommen denn die ganzen Sachen her, die wir Tag für Tag essen können? Denn die Antwort auf die Frage – das ist der Grund, warum wir heute das Erntedankfest feiern. Hört mal noch weiter auf solche Fragen!

4. Kind: (kommt nach vorne, hält einen Strauß Sonnenblumen in der Hand, stellt sie später neben dem Erntealtar ab)
Seht euch einmal die schönen Sonnenblumen an. Wie gelb sie leuchten! Habt ihr euch schon einmal gefragt, warum es die Sonnenblumen überhaupt gibt?

Lied: Du hast uns deine Welt geschenkt (s. Anhang, Nr. 7)
(Nach jedem weiteren „Auftritt" eines Teilnehmers wird eine passende Strophe dieses Liedes gesungen. Eine Gruppe von Kindern aus dem Kindergarten der Gemeinde hat sich vorne vor dem Altar mit aufgestellt. Sie machen Bewegungen zu diesem Lied, die die Kinder in den Bänken mitmachen können.)

5. Kind: (kommt nach vorne, trägt ein Säckchen mit Äpfeln auf dem Rücken, stellt sie später neben dem Erntealtar ab):
Ich habe ein Säckchen mit Äpfeln hierhergetragen. Hmmm, so ein Apfel, der schmeckt vielleicht gut. Läuft euch auch schon das Wasser im Mund zusammen? Besonders gerne esse ich aber ... *(Kind nennt sein Lieblingsessen mit Äpfeln).*
Habt ihr euch schon einmal gefragt, wo die Äpfel und das ganze Obst herkommen?
Lied

6. Kind: (kommt nach vorne, trägt ein Körbchen mit Möhren herbei und stellt sie später neben dem Erntealtar ab)
Hier hab ich ein Körbchen mit Möhren. Stellt euch mal vor, was man Gutes damit kochen kann. Am liebsten esse ich ja die Möhren ...
Habt ihr euch schon einmal gefragt, wo die Möhren und das ganze Gemüse herkommen?
Lied

7. Kind: (kommt nach vorne, trägt ein Haustier, ein Meerschweinchen o. ä. auf dem Arm)
Hier hab ich … Das mag ich ganz arg. Ich freue mich, daß ich so ein … habe. Es ist schön, weil … Habt ihr euch schon einmal gefragt, warum es überhaupt Tiere gibt?
Lied

Mutter und/oder Vater mit kleinem Kind:
Das hier ist unser N. Er/Sie ist jetzt … alt. Wir sind froh und dankbar, daß wir N. haben. Habt ihr euch schon einmal gefragt, wo die kleinen Kinder herkommen? Nein, wir meinen nicht, was man im Biologieunterricht lernt. Das wissen viele von euch – wie ein Kind gezeugt wird. Habt ihr euch schon einmal gefragt, wo der Mensch überhaupt herkommt, warum es den Menschen überhaupt gibt?
Lied

8. Kind: (kommt nach vorne, bringt das stark vergrößerte Logo des Kleinkinderwortgottesdienstes mit)
Das Bild hier zeigt, wie schön es ist, wenn wir Freunde haben. Auch dafür können wir Gott danken. Denn es ist nicht selbstverständlich, daß wir nicht alleine sind.
Lied

(Der jetzt folgende Abschnitt erhöht den verbalen Teil der Katechese. Als Vorbereitung des richtigen Verstehens von Gen 1 ist diese Einleitung jedoch unerläßlich. Wenn der Eindruck, Gen 1 beschreibe geschichtliche Fakten, aufgebrochen werden soll, muß im Gottesdienst damit begonnen werden. Deswegen kann diese Einleitung nicht weiter gekürzt werden; sie ist ohnehin schon sehr komprimiert. Wer kürzen möchte, kann dies entweder im vorhergehenden Teil oder in den Fürbitten tun.)
Ganz viele Fragen haben wir gehört. Wo kommt das alles her? Warum gibt es das überhaupt? Natürlich wißt ihr alle, daß die Äpfel vom Apfelbaum kommen und die Babys aus dem Bauch der Mutter. Aber das meinen wir nicht mit den Fragen. Warum gibt es überhaupt so etwas wie Obst, Gemüse, Tiere und Menschen? Warum sind wir überhaupt auf der Welt?
An Erntedank bekennen wir unseren Glauben, daß hinter allem, was wächst und lebt, noch einer steht, dem wir das alles verdanken. Es

gibt einen Gott, der die ganze Welt ins Leben gerufen hat, der will, daß wir leben, der will, daß es die Welt gibt. Das wird in der Bibel immer wieder erzählt. Und das feiern wir immer wieder an Erntedank.

Gleich hören wir ein Lied, das in der Bibel steht. Nur können wir es heute nicht mehr singen; wir kennen die Melodie nicht mehr. Es ist eines der bekanntesten Teile der Bibel. Wer es geschrieben hat, wissen wir nicht mehr. Aber wir wissen ungefähr, wie es entstanden sein könnte:

Irgendwann einmal müssen Leute zu den Priestern der Juden gegangen sein. Und sie haben die gleichen Fragen gestellt wie wir eben im Gottesdienst. Auch sie haben die Priester gefragt: Könnt ihr uns nicht sagen, wie das alles entstanden ist, das Obst, die Tiere, wir Menschen? Die antworteten: Nein, das wissen wir nicht. Das weiß niemand. Vielleicht wissen das mal die Menschen, die später leben; wir wissen es nicht. Aber von unserem Glauben können wir euch singen. Wir können euch davon singen, daß Gott etwas mit unserer Welt zu tun hat, daß Gott will, daß wir leben. Daran glauben wir ganz fest. Hört nur gut zu! Es ist nämlich ein recht langes Lied.

Und ihr *(KatechetIn zu den Kindern)* – ihr achtet mal auf die Sätze, die in dem Lied immer wieder vorkommen. Achtet mal darauf, was das für Sätze sind. Das sind nämlich die wichtigsten Sätze in dem Lied.

Lesung nach Gen 1, 1–2.4a:

(Die Lesung ist für den Familiengottesdienst zu lang. Deshalb wird sie gekürzt. Allerdings ist die Kurzfassung, wie sie im Lektionar manchmal vorgeschlagen wird, wiederum zu kurz, da die Aufzählung der guten Gaben Gottes dabei wegfällt. Ich habe die Stelle deswegen selbst gekürzt und vor allem die beschreibenden Wiederholungen weggelassen, die für die Priesterschrift typisch sind.

Wer noch ein Weiteres tun möchte, kann während der Lesung über einen Overheadprojektor oder einen Diaprojektor Bilder der guten Gaben Gottes zeigen. Das können eigene Aufnahmen sein oder z. B. Bilder aus dem immer noch bemerkenswerten Buch „Und es ward Abend und Morgen..." von Hans Samson und Laura Rous, Christophorus-Verlag, Freiburg 1977, oder aus anderen Veröffentlichungen.)

Am Anfang schuf Gott Himmel und Erde; die Erde aber war wüst und wirr, Finsternis lag über der Urflut, und Gottes Geist schwebte über dem Wasser. Gott sprach: Es werde Licht. Und es wurde Licht. Gott sah, daß das Licht gut war. Gott schied das Licht von der Finsternis, und Gott nannte das Licht Tag, und die Finsternis nannte er Nacht. Es wurde Abend, und es wurde Morgen: erster Tag.

Dann sprach Gott: Ein Gewölbe entstehe mitten im Wasser. So geschah es, und Gott nannte das Gewölbe Himmel. Es wurde Abend, und es wurde Morgen: zweiter Tag.

Dann sprach Gott: Das Wasser sammle sich an einem Ort, damit das Trockene sichtbar werde. So geschah es. Das Trockene nannte Gott Land, und das angesammelte Wasser nannte er Meer. Gott sah, daß es gut war.

Dann sprach Gott: Das Land lasse junges Grün wachsen, alle Arten von Pflanzen, die Samen tragen, und von Bäumen, die auf der Erde Früchte bringen. So geschah es. Gott sah, daß es gut war. Es wurde Abend, und es wurde Morgen: dritter Tag.

Dann sprach Gott: Lichter sollen am Himmelsgewölbe sein. So geschah es. Gott setzte die Lichter an das Himmelsgewölbe, damit sie über die Erde hin leuchten. Gott sah, daß es gut war. Es wurde Abend, und es wurde Morgen: vierter Tag.

Dann sprach Gott: Das Wasser wimmle von lebendigen Wesen, und Vögel sollen über dem Land am Himmelsgewölbe dahinfliegen. Gott sah, daß es gut war. Gott segnete sie und sprach: Seid fruchtbar, und vermehrt euch, und bevölkert das Wasser im Meer, und die Vögel sollen sich auf dem Land vermehren. Es wurde Abend, und es wurde Morgen: fünfter Tag.

Dann sprach Gott: Das Land bringe alle Arten von lebendigen Wesen hervor, von Vieh, von Kriechtieren und von Tieren des Feldes. So geschah es. Dann sprach Gott: Laßt uns Menschen machen als unser Abbild, uns ähnlich. Sie sollen herrschen über die Fische des Meeres, über die Vögel des Himmels, über das Vieh, über die ganze Erde. Gott schuf also den Menschen als sein Abbild; als Abbild Gottes schuf er ihn. Als Mann und Frau schuf er sie. Gott segnete sie, und Gott sprach zu ihnen: Seid fruchtbar, und vermehrt euch, bevölkert die Erde, unterwerft sie euch, und herrscht über die Tiere. Dann sprach Gott: Hiermit übergebe ich euch alle Pflanzen auf der ganzen Erde. Euch sollen sie zur Nahrung dienen. So geschah es. Gott sah alles an,

was er gemacht hatte. Es war sehr gut. Es wurde Abend, und es wurde Morgen: der sechste Tag.
Am siebten Tag vollendete Gott das Werk, das er geschaffen hatte, und er ruhte am siebten Tag. Und Gott segnete den siebten Tag und erklärte ihn für heilig; denn an ihm ruhte Gott, nachdem er das ganze Werk der Schöpfung vollendet hatte.

Lied: Du hast uns deine Welt geschenkt
(Das Lied wird noch einmal in ein oder zwei Strophen aufgegriffen und bildet somit eine Klammer um die Lesung. Wer möchte, kann aber auch ein anderes bekanntes Schöpfungslied singen.)

Katechese, 2. Teil
Sicher habt ihr euch behalten, welche Sätze am häufigsten vorkamen. Nennt sie mal!
(Es werden noch einmal kurz die zentralen Aussagen der Entstehungs-"geschichte" angesprochen, wie sie in den Wiederholungen der Priesterschrift deutlich werden. Es sind dies:
– Gott spricht, und es entsteht etwas.
– Für das gesamte Leben gibt es einen Rhythmus, hier aufgegriffen in dem Rhythmus von Tag und Nacht und den sieben Tagen.
– Die Erde, das Leben sind letzten Endes [sehr] gut.)

Fürbitten mit Bußbesinnung
Ja, Herr, guter Gott. Wir wollen dir danke sagen für alles, was uns guttut. Aber wir dürfen auch nicht übersehen, was wir an Ungerechtigkeiten und Bösem in die Welt bringen.

Kind:
Guter Gott, wie oft gehen wir mit Lebensmitteln sorglos um. Wie oft werfen wir das weg, was uns nicht schmeckt. Wie oft vergessen wir, mit dem zu teilen, der gerne in unseren Apfel oder in unser Brot beißen würde.
Guter Gott, hilf uns, sorgsam mit allem umzugehen, was wir haben.

Nach jedem Fürbittruf wird der erste Satz des Liedes „Ich steh vor dir mit leeren Händen, Herr; fremd wie dein Name sind mir deine Wege" gesungen. Der Liedruf läßt erahnen, daß wir auf viele Fragen unseres Lebens keine Antworten wissen. Das gilt auch an Erntedank:

Warum haben einige noch nicht einmal das Nötigste zum Leben? Warum können nicht alle Menschen mit dem Psalmisten beten: „Aller Augen warten auf dich, und du gibst ihnen Speise zur rechten Zeit. Du öffnest deine Hand und sättigst alles, was lebt, nach deinem Gefallen" (Ps 145, 15 f)? Im Grunde ist es die Theodizee-Frage, die in dem Lied von Huub Oosterhuis aufgegriffen wird.

Jugendlicher:
Herr, guter Gott, die Güter unserer Welt sind ungleich verteilt. Wir auf der nördlichen Halbkugel haben fast alles. Viel zu viele Menschen der südlichen Erdhalbkugel haben fast nichts. Und wir müssen bekennen: Meist stört uns das überhaupt nicht. Gib uns ein Gespür für die Ungerechtigkeiten in unserer Welt, und laß uns die kleinen Schritte tun, die jeder an seinem Platz machen kann.
Liedruf: Ich steh vor dir mit leeren Händen, Herr (GL, Nr. 621)

Erwachsener:
Guter Gott, du hast uns diese Welt geschenkt, die wir für uns nutzen dürfen. Durch unsere Arbeit tragen wir dazu bei, diese Welt zu gestalten. Aber nur allzuoft sehen wir nur unseren Vorteil, den Nutzen hier und jetzt. Wir vergessen dabei, daß nutzen nicht ausnutzen heißt, daß nutzen auch heißt, für die Erde und die Umwelt zu sorgen.
Dein Geist rüttle uns wach, wo wir in unserem Egoismus gefangen sind und das Wohl der ganzen Erde nicht mehr im Blick haben. –
Liedruf

älterer Erwachsener:
Herr, guter Gott, wir älteren Menschen haben vieles in unserem Leben gesehen und erlebt. Viel Schönes war darunter, viel Schreckliches, viel Gutes, aber auch viel Böses.
In der Kraft deines Geistes laß uns alle – Junge und Alte – daran arbeiten, daß das Gute und das Schöne mehr werden und alle Menschen erfreuen kann. –
Liedruf

Herr, guter Gott, im Vertrauen auf dich, den guten Gott, haben wir unsere Schuld vor dir bekannt und unsere Bitten vor dich gebracht. Nimm von uns weg alle Schuld, erhöre unsere Bitten, und halte deine Schöpfung in deinen Händen. Amen.

alternativ: Fürbitten – ohne Bußbesinnung
Guter Gott, wir stehen vor dir mit leeren Händen. Du füllst sie uns immer wieder mit dem, was wir zum Leben brauchen. Wir bitten dich:

Kind (bringt ein „Freundschaftsbüchlein" mit und zeigt es der Gemeinde, alle Gegenstände aus den Fürbitten werden nach der Fürbitte auf dem Altar abgelegt):
Zu essen und zu trinken haben wir genug. Aber zum Leben brauchen wir mehr als das; wir brauchen Freunde, Menschen, die uns mögen. Deswegen bitte ich dich, guter Gott, daß ich immer jemanden finde, dem ich vertrauen kann und der mein Freund ist. Zum Zeichen für meine Bitte lege ich ein Freundschaftsbuch auf den Altar.

Jugendlicher (bringt einen Brief mit, der eine Absage auf eine Bewerbung enthält):
Zum Leben gehört auch eine gute Ausbildung und eine gute Arbeit. Aber viele Jugendliche bekommen keine Lehrstelle. Sie erhalten nur Absagen, soviel sie sich auch bewerben. Deshalb habe ich diesen Brief mitgebracht; es ist eine Absage auf eine Bewerbung. Hilf allen Jugendlichen, daß sie mit ihren Problemen nicht alleine sind.

Erwachsener (bringt eine Spritze mit):
Diese Spritze soll uns daran erinnern, daß Gesundheit ein wertvolles Geschenk ist. Guter Gott, gib den Kranken Mut und Zuversicht, damit ihr Leben trotz ihrer Krankheit lebenswert ist.

älterer Erwachsener (bringt einen leeren Krug mit):
Mein leerer Krug erinnert an Gegenden auf unserer Erde, in denen es nicht so viel zu ernten gibt wie bei uns. Rüttle uns wach, damit wir das nicht vergessen. Gib uns ein Gespür für diese Ungerechtigkeiten in unserer Welt, und laß uns die kleinen Schritte tun, die jeder an seinem Platz machen kann.

Für all das, womit du uns Tag für Tag die Hände füllst, wollen wir dir danken, heute und alle Tage unseres Lebens.
Amen.

Sankt Martin
Im Armen Jesus begegnen

Einzug

Großer Einzug mit den Kindern, die ihre Laternen mit dabeihaben. Die Laternen werden neben dem Altar abgelegt und nicht mit in die Bänke genommen. In der Ankündigung am Sonntag vor dem Familiengottesdienst muß darauf hingewiesen werden, daß die Kinder ihre Laternen – *mit Namen versehen* – mitbringen können.

Eingangslied: St. Martin ritt durch ... (trad., Str. 1–4)

(Tages-)Gebet

Guter Gott, wir feiern heute das Fest des hl. Martin. Die Kinder haben eben Lichter, Laternen in die Kirche getragen. Sie erinnern uns an den hl. Martin. Sie erinnern uns an das Gute, das mit ihm in unsere Welt gekommen ist. Sie erinnern uns an das Licht, das Martin in die dunkle Welt gebracht hat. Dafür wollen wir dir danke sagen. Amen.

Katechese

(Vgl. auch die Bildbetrachtung zu „Martin von Tours" von Relindis Agethen, in: Religionsbuch für das 1. Schuljahr, Hg.: Hubertus Halbfas, Düsseldorf 1983, S. 24f. Das Bild ist mit sieben anderen Martinsbildern relativ preiswert als Overhead-Folie zu erwerben bei der Diözesanstelle Buch, Postfach 5, 72101 Rottenburg am Neckar: Martin von Tours. 8 Farbfolien mit Begleitheft, Hg.: Bistum Rottenburg-Stuttgart, 1997.)

Das Bild ist durch Farbe und Gestaltung zwar sehr ansprechend. Es kann jedoch durch die Fülle der Bildzeichen Kinder leicht überfordern, wenn es nicht zusammen mit ihnen beschrieben und gedeutet wird.

Zur Bildbeschreibung steht ein Kind an der Projektionswand und zeigt die benannten oder die noch ausstehenden Details. Folgende Punkte sollten in der Beschreibung angesprochen werden:

Bildmitte: der zerlumpte Bettler mit dem verbundenen Arm / Martin auf dem weißen Pferd, der sich zu dem Bettler herabbeugt und ihm den Mantel überlegt / während ansonsten auf dem Bild Schnee fällt, sind um den Kopf Martins Sterne gezeichnet

Martin von Tours von Relindis Agethen, aus H. Halbfas: Religionsbuch für das erste Schuljahr, Patmos Verlag, Düsseldorf

Bildachse rechts unten bis links oben: der rote Mantel zieht sich durch das gesamte Bild / von rechts unten ragt die Hand Christi ins Bild hinein – erkennbar an den Wundmalen der Kreuzigung und Geißelung / links oben ist eine goldene Schärpe zu sehen, auf der eine Leiter angedeutet ist und auf der das Sterntalermädchen sitzt *(Möglicherweise kann dieser Aspekt auch entfallen. Das Sterntalermädchen ist in dem Bild nur schwer zu identifizieren. Das gilt natürlich besonders in größeren Kirchenräumen.)*

Bildachse links unten bis rechts oben: links unten ist ein bleiches Mädchengesicht mit einem Kopftuch hinter Stacheldraht zu sehen / rechts oben ist die Stadtmauer zu erkennen, aus der ein Laternenzug herauskommt

Anschließend wird das Bild gedeutet: Folgende Schwerpunkte können je nach Gesprächsverlauf angesprochen werden:

Bildmitte: Martin beugt sich zu dem Bettler herab. Geradezu fürsorglich legt er ihm den Mantel um die Schulter. So muß Teilen sein. Allzu viele ältere Martinsdarstellungen zeigen Martin, wie er hoch oben auf seinem Pferd sitzt und den Mantel teilt. Dieses Bild hebt dagegen die Nähe des Heiligen zu dem Armen hervor. Die Sterne um den Kopf des heiligen Martin erinnern – vor allem im Zusammenhang mit dem Sterntalermädchen (links oben) – an den Schluß des Märchens: Martin wird wie das Sterntalermädchen vom Himmel belohnt. Eine andere Deutung könnte lauten: In der Gestalt des Martin kommt der Himmel auf die Erde.

Bildachse rechts unten bis links oben: Der Arm Jesu, der von unten ins Bild hineinragt, erinnert an den zweiten Teil der Martinslegende, der leider allzu unbekannt ist: Jesus begegnet Martin im Traum und sagt zu ihm: „Martin, du bist noch nicht getauft: Dennoch hast du mich mit diesem Mantel bekleidet. Denn was du dem Ärmsten meiner Brüder oder Schwestern getan hast, das hast du mir getan."

Das weiße Pferd, das viele Kinder anspricht, steht für die königliche Würde Martins, der Christus in seinem Handeln nachfolgt; das weiße Pferd war in der Antike dem König vorbehalten. Unabhängig davon bringt es Bewegung, Dynamik, Leben ins Bild, so wie die helfende Tat Martins Leben für den Bettler bedeutete.

Bildachse links unten bis rechts oben: Während das Stadttor an die Mantelteilung vor der Stadt Amiens erinnert, stellen Laternenzug, Mädchengesicht und Stacheldraht den Bezug zum Heute her. Das Mädchen hinter dem Stacheldraht steht dabei stellvertretend für alle Not, die wir rings um uns und in der Welt finden. Jede dieser Nöte braucht ihren eigenen Martin, braucht jemanden, der in der Nachfolge Martins diese Not sieht, anhält und entsprechend den eigenen Möglichkeiten Abhilfe schafft.

KatechetIn: Deswegen ziehen wir auch mit unseren Martinszügen durch die Straßen. Wir erinnern uns an den Heiligen und an das, was

er in der Nachfolge Jesu Gutes getan hat. Wir tragen unser Licht in die Dunkelheit als Zeichen für das viele Gute, das es heute noch zu tun gibt. Darum ziehen wir mit bunten Laternen durch die Straßen, und deshalb singen wir die Martinslieder.
Zwei Strophen von „St. Martin, St. Martin" wollen wir noch singen. Sie sind nicht so bekannt wie die anderen. Ihr findet den Text auf den Liedzetteln.

Lied: St. Martin (Strophe 5 + 6, Quelle unbekannt)

St. Martin ... sporne du uns an,
daß jeder Liebe geben kann!
Bring Licht in unsre dunkle Welt,
daß es der Menschen Herz erhellt!

St. Martin ... mach uns hilfsbereit,
und laß uns teilen unsre Zeit,
und mach uns immer mehr bereit,
die Not zu sehen weit und breit!

(Alternative: Wer möchte, kann die 5. Strophe vor und die 6. Strophe nach dem Evangelium singen. Das Evangelium erhält so einen inhaltlich passenden Rahmen, der zudem noch einmal den verbalen Teil des Gottesdienstes auflockert.)

Überleitung zum Evangelium
Das Evangelium, das wir jetzt hören, hat auch etwas mit dem Leben des hl. Martin zu tun. Was das mit Martin zu tun hat, merkt ihr, wenn ihr gut zuhört. Achtet vor allem mal auf *einen* wichtigen Satz im Evangelium; er kommt dort zweimal vor! Ihr kennt ihn schon.

Evangelium nach Mt 25, 31ff *(in Kurzfassung):*
Jesus wird einmal zu allen Menschen sagen: Kommt her zu mir. Denn ihr seid von meinem Vater gesegnet. Und ihr seid ein Segen für die anderen. Kommt her zu mir. Ihr gehört zu mir. Denn ich war hungrig, und ihr habt mir zu essen gegeben.
Ich war durstig, und ihr habt mir zu trinken gegeben.
Ich war alleine und ohne Zuhause, und ihr habt mir Liebe und Zuneigung gegeben.

Ich war nackt, und ihr habt mir Kleidung gegeben.
Ich war krank, und ihr habt mich besucht.
Ich wurde ausgelacht, und ihr habt zu mir gehalten.
Ich war traurig, und ihr habt mich getröstet.
Da werden einige sagen: Herr, wir haben dich nie gesehen. Wir haben dir nie etwas Gutes getan.
Jesus aber wird ihnen antworten: Was ihr dem Geringsten meiner Brüder und Schwestern getan habt, das habt ihr mir getan. Was ihr Menschen in Not getan habt, das habt ihr mir getan. Und darum gehört ihr zu mir.

Fürbitten und Bußritus
Laßt uns an den hl. Martin denken – an das, was er getan hat, und an seine Nähe zu Jesus Christus.
Dann laßt uns Fürbitte halten.

Kind:
Guter Gott, in unserer Welt gibt es viel Not und Leid. Oft sind wir hilflos. Wir können nicht helfen, wir Kinder nicht und manchmal auch nicht die Erwachsenen. Schenke du uns gute Ideen, wenn wir nicht mehr weiterwissen.
Pfarrer / Kaplan / Diakon ...: Jesus sagt: Was ihr dem Geringsten meiner Brüder und Schwestern getan habt, das habt ihr mir getan.
Alle: Herr, erbarme dich.

Jugendlicher:
Guter Gott, wir betrügen uns selbst. Oft sagen wir: Mich geht das nichts an; oder wir schauen ganz schnell weg. So können wir uns gut verstecken. Erinnere uns daran, daß die Welt wärmer und reicher wird, wenn jeder von uns sich nicht verschließt, sondern den Moment erkennt, in dem er helfen kann und helfen soll.
Pfarrer / Kaplan / Diakon ...: Jesus sagt: Was ihr dem Geringsten meiner Brüder und Schwestern getan habt, das habt ihr mir getan.
Alle: Herr, erbarme dich.

Erwachsener:
Guter Gott, oft übersehen wir dich in unserem Nächsten. Doch jeder, der uns begegnet, ist ein Bild von dir. Du lebst neben uns, arbeitest mit uns, freust dich mit uns, weinst und leidest neben uns. Du bist

der, den wir nicht ausstehen können und an dem wir achtlos vorbei-
gehen. Laß uns dich erkennen in jedem, dem wir helfen und den wir
froh machen können.

Pfarrer / Kaplan / Diakon ...: Jesus sagt: Was ihr dem Geringsten
meiner Brüder und Schwestern getan habt, das habt ihr mir getan.
Alle: Herr, erbarme dich.

älterer Erwachsener:
Guter Gott, oft genug sind wir wie kleinliche Rechner; wir fragen bei
jedem Schritt: Was habe ich davon? Was nützt es mir? Du aber liebst
uns ohne jedes Rechnen und ohne Bedingung. Nimm alles kleinliche
Denken von uns weg, und schaffe uns ein offenes und hilfsbereites
Herz.

Pfarrer / Kaplan / Diakon ...: Jesus sagt: Was ihr dem Geringsten
meiner Brüder und Schwestern getan habt, das habt ihr mir getan.
Alle: Herr, erbarme dich.

Ja, guter Gott, du liebst uns, ohne daß wir etwas dafür tun müssen.
Laß uns diese Liebe spüren und in dieser Gewißheit leben.
Amen.

Lied zur Gabenbereitung: Wenn das Brot, das wir teilen (Tr, Nr. 140)

Sanctus: Sanctus – Heilig ist der Herr (Tr, Nr. 178)

Lied zum Friedensgruß: Herr, gib uns deinen Frieden (Tr, Nr. 143,
Kanon)

Lied zur Kommunion: Orgel

Danklied: Nun saget Dank und lobt den Herren (GL, Nr. 269, 1. +
3. Str.)

Gebet
Guter Gott, wir danken dir für das Licht, das mit Jesus in die Welt
gekommen ist. Wir danken dir für den hl. Martin und für die vielen
Menschen, die auch Licht sind, weil sie Gutes tun. Und wir bitten
dich: Steck uns an mit ihrer Liebe. Schenke uns ein waches Herz,
damit wir die Not unserer Mitmenschen sehen. Und stärke uns, da-

mit wir dort helfen, wo es uns möglich ist. Darum bitten wir dich durch unseren Bruder Jesus Christus. Amen.

Segen

Schlußlied: Nun saget Dank und lobt den Herren (GL, Nr. 269, 4. Str.)

THEMATISCHE GOTTESDIENSTE

Noach

Eingangslied: Singet, danket unserm Gott (GL, Nr. 277, 1., 2. und 4. Str.)

(Tages-)Gebet

Guter Gott, ja, wir danken dir, daß du die Welt ins Leben gerufen hast und erhältst. Du hast alles wunderbar geschaffen. Wie schön sind die Pflanzen und die Tiere. Und wie großartig ist der Mensch. Für all das wollen wir dir danke sagen. Amen.

Provokation als Einführung

Jugendlicher:
Ach, alles Quatsch, was der Pfarrer (der Kaplan ...) da gerade im Gebet gesagt hat. So schön ist unsere Welt doch gar nicht. Schaut euch doch nur mal die verpesteten Flüsse, Seen und Meere an. Und der Mensch – der bringt doch nur Streit, Krieg und Unfriede in die Welt.
Da müssen wir doch Gott um Verzeihung bitten.

Bußakt

Kind:
Ja, guter Gott, es ist wahr. Oft gibt es Streit in der Schule oder beim Spielen, zwischen Freunden und Geschwistern oder mit fremden anderen Kindern.
Liedruf: Herr, erbarme dich (Tr, Nr. 165, nur Liedruf, 1. Zeile, oder: Herr, erbarme dich unserer Zeit, ebd., Nr. 197)

Erwachsener:
Ja, guter Gott, es ist wahr. Oft gibt es Streit in unseren Familien oder bei unserer Arbeit, Streit, Neid, böse Worte, Ablehnung und viel Egoismus. Da gilt nur noch, daß es mir gutgeht; die anderen interessieren mich nicht.
Liedruf: Herr, erbarme dich

älterer Erwachsener:
Ja, guter Gott, es ist wahr. In unserer Welt sieht es böse aus. Der Mensch bringt das Böse in die Welt. Schaut doch nur einmal in die Zeitung; da steht es:
(Er bringt die Zeitung vom Vortag mit und zeigt sie. In unserem Fall sind die folgenden Schlagzeilen entnommen worden:)
– „Trotz des Ozon-Alarms wird auf den Autobahnen weiterhin schnell gefahren."
– „Drogen für eine Million"
– „‚Wilder' Sperrmüll ist ein großes Problem"
Liedruf: Herr, erbarme dich

Überleitung zur Katechese
Jugendlicher:
Da seht ihr es. Das ist der Mensch, die Krone der Schöpfung. Warum läßt Gott das nur zu? Warum bestraft er nicht die Bösen? Warum vernichtet er sie nicht? Dann könnten wir doch ganz friedlich und gut hier leben.

Katechese: Hinführung
Diese Frage haben sich die Menschen auch früher schon gestellt. Schon vor ganz langer Zeit, schon vor fast dreitausend Jahren, haben sich die Menschen diese Frage gestellt – so auch im alten Israel. Damals – im alten Israel – da war die Welt so ähnlich wie bei uns. Autos und Flugzeuge, die gab es natürlich nicht; aber die Menschen waren genauso wie heute. Da gab es Streit, da gab es Krieg. Da gab es Menschen, die hatten sich gern. Und es gab Menschen, die sich haßten und sich gegenseitig weh taten.
Ich stelle mir folgendes vor:
Vielleicht kamen einmal zwei Kinder – so wie ihr hier im Gottesdienst – zu einem der Priester. Wir nennen die Kinder mal Rut und David. Und die haben dem Priester zugehört. Der hat erzählt, daß Gott die Erde gut geschaffen hat und daß alles wunderbar ist. Da sind sie zu dem Priester gegangen und haben gefragt – so wie eben N.: Aber so gut ist die Welt doch gar nicht. Überall gibt es Menschen, die Böses tun. Kannst du uns das erklären? Warum bestraft Gott die nicht? Warum nimmt Gott diese bösen Menschen nicht weg? Dann hätten wir doch endlich Frieden! Vielleicht hat da der Priester gesagt: Das

ist eine schwere Frage. Die Antwort muß ich mir genau überlegen. Aber kommt morgen wieder. Dann sag ich es euch. Und am nächsten Morgen hat er ihnen die Antwort gegeben. Er hat gesagt: Ich habe lange nachgedacht und keine Antwort gefunden. Auf so eine schwere Frage gibt es auch gar keine einfache Antwort. Wenn ich frage, wieviel ist eins und eins – das kann mir jeder sagen. Aber bei so einer Frage? Doch auf einmal – da ist mir eine Geschichte eingefallen, die ich mal gehört habe. Es ist eine uralte Geschichte. Keiner weiß mehr, wer sie als erstes erzählt hat. Sie ist bestimmt auch nicht so passiert, wie es dort erzählt wird. Und trotzdem habe ich gedacht: Hier steckt eine Antwort drinnen. Es ist die Antwort aus unserem Glauben, nicht aus unserem Wissen. Die Geschichte muß ich Rut und David erzählen. Hier ist sie. Hört einmal zu! Ich erzähle sie euch. Und weil die Geschichte für die Menschen so gut gewesen ist, deswegen steht sie noch heute in unserer Bibel.

Katechese: Noach-Erzählung
(Der/die KatechetIn holt die Bibel und hebt sie empor, um deutlich zu machen, daß jetzt die biblische Erzählung beginnt.
Bereits zu Beginn des Gottesdienstes sind Orff'sche Instrumente ausgeteilt worden. Die Kinder begleiten die Erzählung des Katecheten/ der Katechetin. Er/sie hat die Kinder schon vor dem Gottesdienst instruiert; sie spielen jetzt auf die Einsatzzeichen des Erzählers. Lediglich mit einer kleinen Gruppe von Kindern wurde der Einsatz der Instrumente geübt. Die Kinder, die Glockenspiel, Xylophon, Metallophon, hängendes Becken und Pauke/Trommel spielten, probten am Tage vorher eine halbe Stunde.
Die folgende Erzählung orientiert sich in einigen Grundzügen an der Bibel von Eleonore Beck/Paul König, Meine Bilderbibel. Ein Buch von Gott und den Menschen, Konstanz/Kevelaer ²1986.)

Gott sah auf seine gute Erde. Und er sah, daß es immer mehr böse, gewalttätige Menschen gab. Sie nahmen sich einfach, was sie wollten. Menschen wurden geschlagen und gequält *(langsames Einsetzen der Klangstäbe und Holzblocktrommeln)*. Andere wurden umgebracht – überall nur Streit und Krieg, Gewalt und Haß *(die Instrumente werden lauter, alle anderen setzen mit ein: Trommeln, Rasseln, Kalebasse. – Das Ganze soll und muß etwas chaotisch wirken).*

Von der guten Erde war nicht mehr viel übriggeblieben. Da wurde Gott traurig. Und er sagte *(hängendes Becken)*: Es reut mich, daß ich dem Menschen das Leben geschenkt habe. Denn er weiß, was böse ist. Und er tut das Böse. Ich will nicht länger zusehen. Ich werde eine große Flut schicken und alles Leben vernichten.

Aber Gott wollte retten, was es zu retten gab. Das waren Noach und seine Familie. Denn sie lebten gut; sie liebten einander und sie liebten die anderen. Und sie dachten an Gott und vergaßen ihn nicht. Gott sprach deswegen zu Noach *(hängendes Becken)*: Bau eine Arche, ein großes Boot. Denn ich will eine Flut schicken und alles Böse vernichten. Nur dich und deine Familie will ich retten und von jedem Tier ein Paar. Denn das Leben soll doch weitergehen. Und Noach vertraute Gott; er glaubte ihm. Und er baute mit seiner Familie eine Arche, ein großes Boot, drei Stockwerke hoch, mit vielen Kammern. Bäume wurden gefällt *(Bongo)*, Bretter gesägt *(Besen auf Trommel)*, das Schiff zusammengezimmert *(Klangstäbe und Holzblocktrommeln)* und mit Pech abgedichtet. Als alles fertig war, da sagte Gott zu Noach und seiner Familie *(hängendes Becken)*: Geht in die Arche! Nehmt von jedem Tier ein Paar mit in das Boot; es soll nämlich keines verlorengehen. Nehmt genug zu essen mit! Da gingen Noach und seine ganze Familie in die Arche. Und die Tiere kamen. Die kleinen Tiere, wie die Mäuse oder die Eichhörnchen, die kamen ganz schnell mit trippelnden Schritten angelaufen *(ein Teil der Kinder patscht mit den Fingerspitzen schnell auf die Oberschenkel)*. Die großen Tiere, wie zum Beispiel die Elefanten oder die Giraffen, die kamen mit großen, schweren Schritten angelaufen. *(Der andere Teil der Kinder patscht mit den ganzen Händen langsamer auf die Oberschenkel.)* Dann machte Gott selbst die Tür hinter ihnen zu *(lauter Paukenschlag)*. Und dann begann es zu regnen, erst langsam *(die Kinder trommeln langsam und leise mit den Fingerspitzen auf die Bänke)*, dann immer mehr *(das Trommeln wird lauter und schneller)*; gedonnert hat es zwischendrin *(Trommeln und Bongo)*. Vierzig Tage und vierzig Nächte regnete es. Das Wasser schwoll an zu einer riesigen Flut. Es bedeckte das ganze Land, und alles kam darin um. Nur Noach, seine Frau, seine drei Söhne und dessen Frauen hatten bei Gott Zuflucht gefunden, in seiner Arche. Sie und die Tiere überlebten.

Es dauerte aber noch einmal eine lange Zeit, bis das Wasser sank. Und als es Noach nicht mehr erwarten konnte, da ließ er eine Taube fliegen. Aber die Taube kam am Abend müde zur Arche zurück. Da wußte Noach: Sie hatte noch keinen trockenen Platz gefunden, wo sie bleiben konnte. Sieben Tage später ließ er die Taube noch einmal fliegen. Als sie diesmal zurückkam, da trug sie einen grünen Zweig in ihrem Schnabel. *(Glockenspiel spielt Melodie von „Lobet und preiset, ihr Völker, den Herrn" an, nur die erste Zeile.)* Da wußten sie: Jetzt konnten sie an Land gehen. Und sie öffneten die Arche und gingen hinaus: Noach und seine Frau und seine ganze Familie und alle Tiere – zuerst kamen die kleinen Tiere angelaufen, und dann gingen die großen heraus, wieder mit großen schweren Schritten. *(Das Patschen mit den Fingerspitzen und mit den ganzen Händen wird wiederholt.)* Und Noach baute Gott einen Altar und dankte ihm für die wunderbare Rettung. Denn jetzt hatte das Leben neu angefangen, für die Tiere und für die Menschen. Denn unser Gott ist doch ein Gott des Lebens.

Gott aber sagte zu Noach und seiner Familie *(hängendes Becken)*: Nie mehr soll eine solche Flut alles Leben auf der Erde vernichten. Denn jeder Mensch trägt das Gute und das Böse in seinem Herzen. Jeder Mensch ist gut, aber jeder Mensch ist auch böse. Ich will euch aber so annehmen, wie ihr seid. Ich schließe einen Bund mit euch: Ich werde bei euch sein; und ihr gehört zu mir – so wie ihr seid – mit eurem großen und guten Herzen, aber auch mit all euren Fehlern und Bosheiten. Und das soll das Zeichen für unseren Bund sein: Den Regenbogen setze ich in die Wolken. *(Ein Gemeindemitglied bringt einen gemalten Regenbogen nach vorne und stellt ihn sichtbar vor den Altar.)* Der Regenbogen ist Zeichen unserer Freundschaft, der Freundschaft zwischen Gott und den Menschen. Jedesmal, wenn ich den Regenbogen sehe, werde ich an unseren Bund denken. Jedesmal, wenn ihr den Regenbogen seht, diese Brücke zwischen Himmel und Erde, dann denkt an unsere Freundschaft.

Und dann segnete Gott Noach, seine Frau und seine Familie. Und der Segen Gottes bleibt seit dieser Zeit bei allen Menschen, bei den Guten und den weniger Guten, bei den Gerechten und den Ungerechten *(Glockenspiel und ggf. Xylophon und Metallophon zu der Melodie: „Lobet und preiset, ihr Völker, den Herrn).*

Und das ist doch ein Grund, Gott zu loben und ihm für diesen Freundschaftsbund und für seinen Segen zu danken. So laßt uns zusammen singen:

Lied: Lobet und preiset, ihr Völker, den Herrn (Kanon, GL, Nr. 282)

Katechese (Zusammenfassung)
Mit Hilfe dieser uralten Geschichte haben Rut und David und wir jetzt eine Antwort auf unsere Frage von vorhin gefunden. Warum vernichtet Gott nicht einfach die bösen Menschen? Dann wäre doch Frieden auf der Erde. Und ich bin sicher, ihr Kinder könnt jetzt den Erwachsenen eine Antwort darauf geben.
(In einem kurzen Gespräch mit den Kindern werden noch einmal die wichtigsten Punkte hervorgehoben:
– Gott nimmt die Menschen an, wie sie sind.
– Gott schließt einen Bund mit allen Menschen.
– In jedem von uns sind gute und schlechte Seiten; den Bösen, den man wegnehmen könnte, den gibt es nicht.)

Fürbitten
(Die Fürbitten werden mit dem Bringen der Gaben kombiniert. Ausnahmsweise übernehmen die MeßdienerInnen diese Aufgabe. In den anderen Familiengottesdiensten tragen Gemeindemitglieder jeden Alters die Fürbitten vor.)
Im Wissen um diese Zusage Gottes an uns Menschen wollen wir die Gaben bereiten und Fürbitte halten.

1. MeßdienerIn
Gott, unser Vater, wir bringen dir unsere Gaben und bitten dich für alle, die durch andere Menschen leiden müssen. Schenke ihnen die Hoffnung, daß du bei ihnen bist – auch in den dunklen Stunden des Lebens.
Alle: Wir bitten dich, erhöre uns!

2. MeßdienerIn
Gott, unser Vater, wir bringen dir unsere Gaben und bitten dich für alle, deren Gedanken und Taten böse sind. Schenke ihnen deinen Geist, der ihre Herzen bekehren kann.
Alle: Wir bitten dich, erhöre uns!

3. MeßdienerIn
Gott, unser Vater, wir bringen dir unsere Gaben und bitten dich für uns selbst. Befreie uns von allem Bösen!
Alle: Wir bitten dich, erhöre uns!

Gott, unser Vater, im Vertrauen auf deinen Bund haben wir unsere Bitten zu dir gebracht. Zeige du dich als guter und hilfreicher Gott. Amen.

Lied zur Gabenbereitung: Wenn das Brot, das wir teilen (Tr, Nr. 140)

Sanctus: Heilig (GL, Nr. 459)

Lied zum Friedensgruß: Herr, gib uns deinen Frieden (Tr, Nr. 143, Kanon)

Lied zur Kommunion: Orgel

Unser großer Regenbogen
(Vor dem Gottesdienst sind in den vorderen Bänken Kreppapier-Rollen in den Farben des Regenbogens befestigt worden. Sie sollen jetzt während des folgendes Liedes von der ersten bis zur letzten Bank durchgegeben und hochgehalten werden. Ggf. können die „Regenbogenstreifen" im Takt wiegen. Ein Mitglied der Vorbereitungsgruppe erklärt das Vorgehen. Entweder werden die Kreppapierstreifen nach dem Gottesdienst wieder eingesammelt, oder jeder, der möchte, kann sich als Erinnerung einen kleinen Streifen mitnehmen und ihn zu Hause aufbewahren als Zeichen des Bundes und des Segens Gottes.)

Danklied: Regenbogenkanon (s. Anhang, Nr. 16)

Gebet
Guter Gott, manchmal sehen wir am Himmel deinen Regenbogen. Er ist wie eine bunte, frohe Brücke von dir zu uns. Er erinnert uns an deine Zusage: Du wirst immer zu uns halten und bei uns sein. Du wirst die Welt in deinen Händen halten, selbst dann, wenn wir deinen Willen nicht tun. Du wirst die Welt in deinen Händen halten, selbst wenn wir auf deine Schöpfung nicht achten. Dein Regenbo-

gen steht am Himmel. Er erinnert uns daran, daß du die Welt und uns alle in deinen guten Händen hältst. Wir können uns auf dich verlassen. Amen.

Segen

Schlußlied: Shalom chaverim (Tr, Nr. 55)

Gott – wie eine Mutter
(z. B. am Muttertag)

Eingangslied: Lobe den Herren (GL, Nr. 258, 1. + 2. Str.)

Katechese
Zwiegespräch zwischen zwei Frauen
F 1: Du, N. Wir haben eben ein Lied gesungen. Wir haben Gott gelobt. Weißt du eigentlich, wie dieser Gott ist? Wie kann ich mir denn unseren Gott vorstellen?
F 2: Du, das weiß niemand. Keiner weiß, wie Gott aussieht. Keiner weiß, wie wir uns Gott vorstellen müssen. Eigentlich ist Gott ein Geheimnis.
F 1: Ein Geheimnis? Also können wir gar nichts von ihm wissen? Dann können wir gar nichts von ihm sagen?
F 2: Doch, natürlich. Wir haben ja auch eben im Lied gesungen: Gott ist der Herr. Gott ist der König.
F 1: Aber du hast doch eben gesagt: Wir wissen nichts von ihm. Du redest aber ganz schön komisch.
F 2: Nein! Schau mal. Wir wissen wirklich nicht, wie Gott ist. Aber wir haben Bilder, die sagen, wie Gott sein könnte. Schon in der Bibel finden wir solche Bilder. Gott ist wie ein Adler, haben wir eben gesungen. So wie ein Adler seine Jungen unter seinen Flügeln schützt, so schützt Gott uns. Und in der Bibel finden wir viele Bilder, die uns sagen, wie Gott ist.
F 1: Dann sag mir doch bitte noch welche!
F 2: Ich kann dir sogar welche zeigen. Schau mal da! Ich habe ein paar Bilder mitgebracht. Dann können wir sie auch gleich sehen:

*(Wir haben zwei Bilder alter Meister genommen, die wir ohne gro-
ßen Aufwand bekommen konnten und die sich leicht schwarz-weiß
auf Overhead-Folie kopieren ließen. Sie können natürlich auch andere Motive nehmen. Genauso wichtig wie diese beiden Bilder waren uns aber auch die Bilder der Kinder, die einige aus unserer
Gemeinde gemalt hatten. Im Wiederholungsfall würde ich sicher
auch ein Bild von ein oder zwei Erwachsenen malen lassen, die
sich dazu bereit finden.)*

F 1: Oh, da sehe ich einen Mann sitzen, der macht irgend etwas.

F 2: Ja, da hat der Künstler Gott abgebildet, der Himmel und Erde
macht. Gott sitzt auf einem Planeten und formt gerade Erde und
Mond.

F 1: Das glauben wir doch auch, daß Gott die ganze Welt gemacht
hat.

F 2: Ja natürlich. Aber das ist gewiß nicht so passiert, wie das der
Künstler dargestellt hat. Oder meinst du, Gott hätte auf einem Planeten gesessen und Erde und Mond mit einer Hand gemacht? Das
ist nur ein Bild dafür, daß alles Leben von Gott her kommt und daß
er die ganze Welt in seiner Hand hält.

Lied: Er hält die ganze Welt (2 Strophen in: Mein Liederbuch für heute
und morgen, Nr. D 18)

F 1: Da ist ein neues Bild. Da ist ein Hirte, der ein Schaf auf seiner
Schulter trägt.

F 2: Ja, da hat ein Künstler gemalt, daß Gott wie ein guter Hirte ist,
der sich um seine Schafe kümmert. Aber natürlich ist Gott kein
Hirte, der irgendwo mit seinem Hirtenstab steht und eine Herde
Schafe weidet.

F 1: Aah, jetzt verstehe ich: Gott ist *wie* ein Hirte. So wie sich der
Hirte um die Schafe kümmert, so kümmert sich Gott um uns Menschen.

F 2: Ja, genau. Keiner hat Gott je gesehen. Wir wissen deshalb nicht,
wie er aussieht. Aber wir finden in der Bibel ganz viele Bilder, die
sagen, *wie* Gott ist. Wir müssen immer nur daran denken. Es sind
nur Bilder.

Schau mal: Wenn du versuchst, dir Gott vorzustellen, dann stellst du dir doch auch ein Bild vor.

Und guck mal da! Einige Kinder aus einem Kommunionkurs haben sich mal Gedanken gemacht, wie Gott ist. Da sind ihre Bilder!

F 1: Oh, da hat ein Kind eine Wolke gemalt, Luft und eine Wolke – da – das Blaue – und die Wolke mit dem Gesicht. Und das soll Gott sein?

F 2: Ja, die Idee ist doch nicht schlecht. Gott ist wie Luft und wie eine Wolke. Er ist überall da, selbst bei den Toten. Aber er ist nie so da, daß man ihn greifen könnte, daß man ihn anfassen könnte, so wie eine Wolke eben. Und selbst in der Bibel wird manchmal von einer Wolke erzählt, wenn man etwas von Gott erzählen möchte.

F 1: Ja, und da ist ein Bild, das ist ganz ähnlich. Gott ist um die ganze Erde herum, steht darauf. Gott ist also überall. Wo wir auch sind, er ist immer bei uns. Egal wie es uns geht, er ist immer in unserer Nähe.

F 2: Ja, und das dritte Bild ist genauso. Da sind Wolken gemalt und eine Sonne. Gott ist wie die Sonne, die Leben und Licht gibt. Und Gott ist überall, hat das Kind darauf geschrieben. Das ist wohl vielen ganz wichtig. Gott ist bei uns allen.

F 1: Und da hat jemand einen brennenden Dornbusch gemalt. Da hat das Kind bestimmt an die Erzählung aus der Bibel gedacht, als Gott dem Mose erschienen ist und sich vorgestellt hat. Und weißt

du, was Gott dem Mose gesagt hat: Ich werde bei euch sein, ich
bin bei euch und schenke euch Freiheit und Leben. Ja, so ist Gott!
F 1: Aber jetzt habe ich noch eine Frage. Die Künstler am Anfang
haben zwei Männer gemalt. Im Vaterunser beten wir: *Vater* unser.
Also ist Gott ein Mann?
F 2: Nein, auch das ist nur ein Bild. Wir wissen doch nicht, wie Gott
ist. Vielleicht ist er ganz anders, als wir uns denken können. Und
guck mal: In der Bibel gibt es auch einige Stellen, die sagen: Gott
ist wie eine *Mutter*. Gott ist wie eine Mutter, die ihr Kind liebhat,
die für ihr Kind sorgt.
Hört mal alle zu! Der Pfarrer / Kaplan / Diakon ... liest uns die
Stellen aus der Bibel vor.

Lesung (nach Hos 11, 1–4):
Gott spricht:
Als Israel jung war, gewann ich ihn lieb,
ich rief meinen Sohn aus Ägypten. ...
Ich war es, der Efraim gehen lehrte,
ich nahm ihn auf meine Arme. ...
Mit menschlichen Fesseln zog ich sie an mich,
mit den Ketten der Liebe.
Ich war da für sie wie die Mutter,
die den Säugling an ihre Wangen hebt.
Ich neigte mich ihm zu und gab ihm zu essen.

Und an einer anderen Stelle heißt es (Jes 66, 13):
Wie eine Mutter ihren Sohn tröstet, so tröste ich euch.

Lied
KatechetIn:
Und weil wir so viele Bilder brauchen, um uns Gott vorzustellen, deshalb können wir das Lied singen: Du bist Vater und Mutter (Du bist
der Ich-bin-da, s. Anhang, Nr. 6)

Fürbitten
Guter Gott, zu dir kommen wir mit unseren Anliegen, so wie ein Kind
zu Mutter oder Vater kommt. Wir vertrauen darauf, daß du unsere
Bitten hörst:

Kind:
Guter Gott, auch wir Kinder haben Sorgen – hier bei uns und in der ganzen Welt. Hilf uns bei unseren Sorgen! Hilf uns, wenn es uns nicht gutgeht!
Gott, wie Vater und Mutter –
Alle: Wir bitten dich, erhöre uns.

Jugendlicher:
Guter Gott, manchmal ist es ganz schön schwer, uns vorzustellen, wie du wohl bist. Ein guter Hirte, ein guter Vater, eine gute Mutter – aber was heißt das für unser Leben mit dir? Schenke uns das Vertrauen, daß unser Leben mit dir schon gut werden wird – irgendwie, aber ganz gewiß!
Gott, wie Vater und Mutter –
Alle: Wir bitten dich, erhöre uns.

Erwachsener:
Manchmal, guter Gott, ist Vater- oder Mutter-Sein ganz schön schwer. Da wird vieles zur Last. Und wie oft handeln wir falsch. Wie ist das bei dir, guter Gott? Fallen wir dir auch manchmal zur Last? Verstehst du uns manchmal auch nicht? Dennoch glauben wir, daß wir mit allem, was uns bedrückt, zu dir kommen können. Vergib uns all unser Versagen! Schenke uns Nerven wie Drahtseile! Gib du uns das rechte Wort im rechten Augenblick! Laß uns Momente der Ruhe finden, wenn alles über uns zusammenzuschlagen droht!
Gott, wie Vater und Mutter –
Alle: Wir bitten dich, erhöre uns.

älterer Erwachsener:
Guter Gott, wir Älteren haben Vater und Mutter schon lange verloren. Vielen ist schon der Partner gestorben. Viele von uns sind allein. Wir glauben aber daran, daß du bei uns bist – in unseren Freuden und in unseren Einsamkeiten. Stärke uns in diesem Glauben an dich, den Gott, der mit uns Menschen geht.
Gott, wie Vater und Mutter –
Alle: Wir bitten dich, erhöre uns.

Bittet, und es wird euch gegeben werden – so hat es Jesus zu seinen Freunden gesagt. Im Vertrauen auf diese Worte haben wir unsere Bitten vor dich gebracht, den Gott des Lebens und der Fülle. Amen.

Lied zur Gabenbereitung: Herr, unser Herr, wie bist du zugegen (GL, Nr. 298, 1.3.4)

Sanctus: Santo, santo, senor (s. Anhang, Nr. 17)

Lied zum Friedensgruß: Shalom chaverim (Kanon, Tr, Nr. 55)

Lied zur Kommunion: Ein Funke ist genug (Tr, Nr. 6A)

Danklied: Die Sache Jesu braucht Begeisterte (Tr, Nr. 366)

Gebet
Guter Gott!
Du hast bei uns Menschen viele Namen, und jeder stellt sich dich anders vor. Das Wichtigste aber, was wir von dir wissen, ist, daß du bei uns bist und uns begleitest, wo immer wir gehen und stehen. So laß uns deine Nähe spüren, wenn wir in dieser Woche unterwegs sind in der Schule, in der Familie und am Arbeitsplatz. Und laß uns immer wieder anderen deine Nähe zeigen durch Christus, deinen Sohn. Amen.

AM MUTTERTAG:

Muttertags-Lied
Heute ist Muttertag. Deswegen wollen wir alle miteinander für alle Frauen und Mütter ein Lied singen:
Viel Glück und viel Segen (in: Mein Kanonbuch, Nr. 420 oder ein anderes Gratulationslied)

Aaronitischer Segen
Der Herr segne und behüte uns.
Der Herr lasse sein Angesicht über uns leuchten und sei uns gnädig.
Der Herr wende sein Angesicht uns zu und schenke uns Heil.
So segne uns der Vater, der Sohn und der Heilige Geist. Amen.

Schlußlied
Orgel

Wir gehen unseren Weg mit Gott

Eingangslied: Singt dem Herrn ein neues Lied (GL, Nr. 268,
1. + 2. Str.)

(Tages-)Gebet

Ja, Herr, unser Gott, deine Gnade gilt uns und allen Menschen. Daran glauben wir. Deswegen sind wir hierhergekommen, um an dich zu denken und an das Heil, das du uns Menschen versprochen hast. Danksagen wollen wir in unserem Gottesdienst für alles Gute, das von dir kommt. Stärke uns in diesem Glauben. Amen.

Katechese

6 Kinder kommen nach vorne und legen nacheinander mehrere farbige Tücher in die Mitte in Form eines Weges ab, der sich vom Mittelgang bis zum Altar erstreckt. Ein Kind aus der Gruppe kommentiert das Geschehen.

1. Kind:
(kommentiert, nachdem es sein Tuch abgelegt hat:)
Unser Leben ist wie ein Weg. Zum Zeichen dafür legen wir hier einen Weg aus lauter bunten Tüchern.

7. Kind:
(bringt ein Tuch nach vorne, zeigt es und kommentiert, bevor es das Tuch ablegt:)
Unser Lebensweg ist recht bunt. Da gibt es Zeiten, in denen es uns gutgeht. Zum Beispiel

· ·

Das gelbe Tuch soll dafür ein Zeichen sein.
(Die leere Zeile steht für die subjektiven Eindrücke der Beteiligten, die hier laut werden dürfen. Das 7. und 8. Kind haben „ihren" Text schon zwei Tage vorher erhalten. Sie hatten so genügend Zeit, allein oder zusammen mit ihren Eltern den begonnenen Satz zu vollenden.)

8. Kind:
(bringt ein schwarzes Tuch nach vorne, zeigt es und kommentiert, bevor es das Tuch ablegt:)

Da gibt es aber auch Zeiten, in denen es uns schlechtgeht. Zum Beispiel

. . . .

Das schwarze Tuch soll dafür ein Zeichen sein.

9. Kind:
(Drei weitere Kinder kommen nach vorne, zeigen aus Fotokarton ausgeschnittene farbige „Menschenfiguren" und legen sie auf den Weg.
Ein Kind kommentiert, bevor es die Figuren auf den Weg legt:)
Unseren Lebensweg gehen wir nicht allein. Auf unserem Lebensweg gehen viele Menschen mit: unsere Eltern, unsere Großeltern, unsere Freunde, unsere Lehrer und viele andere. Als Zeichen dafür legen wir diese Figuren auf den Weg.

KatechetIn:
Da, seht es euch noch einmal an! Das ist ein Bild für unser Leben; so ähnlich sieht unser Lebensweg aus: recht bunt und vielfältig, manchmal gerade, manchmal etwas krumm. Viele helle, freundliche Stellen gibt es dort, manchmal aber ist es dunkel und traurig.
Ein Wort der Bibel ist für unseren Lebensweg wichtig. Es ist schon sehr, sehr alt. Es wird schon sehr lange erzählt. Mutter und Vater erzählten es schon in biblischen Zeiten ihren Kindern, und die erzählten es wieder ihren Kindern usw. Wir erzählen heute noch davon in unseren Gottesdiensten. Da hört nur zu. Unser Pfarrer / Kaplan / Diakon … wird es uns jetzt vorlesen.

Lesung Ex 3, 1–14:
Mose weidete die Schafe und Ziegen seines Schwiegervaters Jitro, des Priesters von Midian. Eines Tages trieb er das Vieh über die Steppe hinaus und kam zum Gottesberg Horeb. Dort erschien ihm der Engel des Herrn in einer Flamme, die aus einem Dornbusch emporschlug. Er schaute hin: Da brannte der Dornbusch und verbrannte doch nicht. Mose sagte: Ich will dorthin gehen und mir die außergewöhnliche Erscheinung ansehen. Warum verbrennt denn der Dornbusch nicht? Als der Herr sah, daß Mose näher kam, um sich das anzusehen, rief Gott ihm aus dem Dornbusch zu: Mose, Mose! Er antwortete: Hier bin ich. Der Herr sagte: Komm nicht näher heran! Leg deine Schuhe ab; denn der Ort, wo du stehst, ist heiliger Boden. Dann fuhr er fort:

Ich bin der Gott deines Vaters, der Gott Abrahams, der Gott Isaaks und der Gott Jakobs. Da verhüllte Mose sein Gesicht; denn er fürchtete sich, Gott anzuschauen. Der Herr sprach: Ich habe das Elend meines Volkes in Ägypten gesehen, und ihre laute Klage über ihre Antreiber habe ich gehört. Ich kenne ihr Leid. Ich bin herabgestiegen, um sie der Hand der Ägypter zu entreißen und aus jenem Land hinaufzuführen in ein schönes, weites Land, in ein Land, in dem Milch und Honig fließen... Jetzt ist die laute Klage der Israeliten zu mir gedrungen, und ich habe auch gesehen, wie die Ägypter sie unterdrücken. Und jetzt geh! Ich sende dich zum Pharao. Führe mein Volk, die Israeliten, aus Ägypten heraus! Mose antwortete Gott: Wer bin ich, daß ich zum Pharao gehen und die Israeliten aus Ägypten herausführen könnte? Gott aber sagte: Ich bin mit dir; ich habe dich gesandt, und als Zeichen dafür soll dir dienen: Wenn du das Volk aus Ägypten herausgeführt hast, werdet ihr Gott an diesem Berg verehren. Da sagte Mose zu Gott: Gut, ich werde also zu den Israeliten kommen und ihnen sagen: Der Gott eurer Väter hat mich zu euch gesandt. Da werden sie mich fragen: Wie heißt er? Was soll ich ihnen darauf sagen? Da antwortete Gott dem Mose: Ich bin der „Ich-bin-da". Und er fuhr fort: So sollst du zu den Israeliten sagen: Der „Ich-bin-da" hat mich zu euch gesandt.

Bildbetrachtung und -deutung

Zu diesem Text gibt es ein Bild, das ich mit euch und mit Ihnen betrachten möchte. Es ist ein Bild von Marc Chagall und zeigt Mose vor dem brennenden Dornbusch.
(Bildbetrachtung Marc Chagall: Durchzug durch das Schilfmeer, hier den Ausschnitt: Mose vor dem brennenden Dornbusch; vgl. z. B. die Abbildung in Lebens-Zeichen. Ein Unterrichtswerk für den evangelischen Religionsunterricht in der Sekundarstufe I, Bd. 1: Arbeitsbuch für das 5. und 6. Schuljahr, Hg.: Birgit Besser-Scholz, Göttingen 1988, S. 56; hier finden Sie auch noch andere Bilder von Chagall zum Exodus.)
Gespräch: Beschreibung und Deutung, vor allem: brennender Dornbusch – Zeichen der Unnahbarkeit; Doppelkreis über dem Dornbusch, der an einen Regenbogen erinnert – Zeichen des Bundesschlusses und der Heilszusage; Engelsgestalt – Bild für bildlosen Gott; Mose, der langsam die Farben des Doppelkreises annimmt – Mann, Bote Gottes;

Kinder legen Regenbogen über den Weg – kurze Deutung im Gespräch: Regenbogen als Zeichen des Bundes, als Zeichen: Gott ist
bei uns.

Lied: Du bist der Ich-bin-da, 1.–3. + 5. Str. (s. Anhang, Nr. 6)

Besinnung und Fürbitten
Guter Gott, wir vertrauen darauf, daß du da bist, daß du bei uns bist.
In diesem Vertrauen bitten wir dich:

Kind:
Guter Gott, manchmal ist es in unserem Leben dunkel:
– wenn wir krank sind,
– wenn wir Streit haben,
– wenn wir traurig sind,
– wenn wir etwas falsch gemacht haben.
Wir bitten dich: Bleibe bei uns auch in dunklen Stunden und tröste uns.
Alle: Alle eure Sorgen werft auf ihn (Tr, Nr. 503)

Jugendlicher:
Guter Gott, an vielen Orten auf dieser Welt ist das Schreien der Menschen zu hören, die um Hilfe rufen:
– dort, wo Krieg geführt wird,
– dort, wo die Menschen an Hunger leiden und sterben,
– dort, wo Unterdrückung und Ungerechtigkeit herrschen.
Wir bitten dich: Höre du auf das Schreien deines Volkes, auf das
Schreien derer, die leiden müssen. Und bewege die Herzen der Menschen, daß wir Abhilfe schaffen, wo immer wir können.
Alle: Alle eure Sorgen

Erwachsener:
Guter Gott, wir glauben, daß deine Verheißung auch gilt, wenn unser Lebensweg einmal zu Ende geht. Stärke uns in diesem Vertrau-
en, daß du bei uns bleibst auch über den Tod hinaus.
Alle: Alle eure Sorgen

älterer Erwachsener:
Guter Gott, im täglichen Einerlei vergessen wir oft deine Zusage. Du
bist der Gott, der bei uns ist.
Wir bitten dich: Schenke uns immer wieder Zeiten, in denen wir uns

an deine Zusage erinnern, Zeiten der Ruhe und der Besinnung.
Alle: Alle eure Sorgen

Guter Gott, schreibe du deinen Namen in unsere Herzen, damit wir im Vertrauen auf dich unseren Lebensweg gehen können. Amen.

Lied zur Gabenbereitung: Das wünsch ich sehr (Kanon, in: Mein Kanonbuch, Nr. 56)

Sanctus: Heilig, heilig, heilig (GL, Nr. 469)

Kanon zum Friedensgruß: Dona nobis pacem (Tr, Nr. 723)

Agnus Dei: Lamm Gottes (GL, Nr. 461)

Lied zur Kommunion: Singt dem Herrn ein neues Lied (GL, Nr. 268, 3. + 4. Str.)

Danklied: Nun danket alle Gott (GL, Nr. 266, 1. + 2. Str.)

Gebet
Herr, unser Gott, du bist der „Ich-bin-da". Du bist der „Ich-bin-bei-euch". Du bist bei uns und hörst unser Rufen. Du bist der, der Freiheit und Leben schenkt. Dafür danken wir dir. Und wir bitten dich: Stärke uns in diesem Glauben, und laß uns voll Vertrauen auf dich in diese Woche gehen. Amen.

Segen

Schlußlied: Komm, Herr, segne uns (Cantate, Nr. 332)

Das angstfressende Riesenkrokodil oder: Was mache ich mit meiner Angst?

Vor Beginn des Gottesdienstes werden kleine graue Karteikärtchen (DIN A7) an möglichst viele GottesdienstteilnehmerInnen ausgeteilt. Sie schreiben anonym ihre Ängste und/oder Sorgen darauf. Die Kärt-

chen werden noch vor Beginn des Gottesdienstes in einem geschlos-
senen Karton eingesammelt. Während der folgenden Katechese werden einige vorgelesen, und alle werden an ein großes Kreuz gehef-
tet, das neben dem Altar eigens für diesen Zweck aufgestellt worden
ist.

Eingangslied: Ich steh vor dir mit leeren Händen, Herr (GL, Nr. 621)

(Tages-)Gebet
Guter Gott, wir sind heute morgen hierhergekommen, um in dieser
Gemeinschaft dein Wort zu hören, um an dich, den Schöpfer und
Erhalter des Lebens, zu denken und um dir für unser Leben zu dan-
ken.
Wir sind hierhergekommen, so wie wir sind. Mit all unseren Fehlern,
mit all unseren guten Eigenschaften, mit all unserer Freude, mit all
unseren Ängsten und Sorgen. Denn zu dir dürfen wir so kommen,
wie wir sind, wir müssen uns nicht verstellen, dir nichts vorspielen.
Dafür danken wir dir. Amen.

Katechese, 1. Teil
Heute werden wir an ein Thema denken, das nicht schön ist. Viele
reden darüber gar nicht. Viele wollen daran auch nicht denken. Aber
ob ich das will oder nicht – das ist egal; es kommt immer wieder und
läßt mich nicht los. Unser Thema heißt nämlich: *Angst.* Wir wollen
einmal an unsere Ängste und Sorgen denken, an all das, was uns
angst macht, und daran, was wir mit unserer Angst machen können.
Ich weiß: Manche werden jetzt denken: Angst, och, ich hab doch
keine Angst. Aber glaubt mir: Das gibt es nicht; es gibt niemanden,
der keine Angst hat; einen Menschen, der keine Angst hat, nein, das
gibt es nicht.
Es gibt so viel, wovor Menschen Angst haben und auch zu Recht
Angst haben können, ja sogar Angst haben müssen. Euch Kindern
fallen bestimmt ganz viele Sachen ein, wovor Menschen Angst haben können. Nennt einmal welche!
*(Eventuell ergänzt der/die KatechetIn die Äußerungen, so daß Äng-
ste aus vielen Bereichen genannt werden: z. B. Natur: Gewitter, Mitmenschen: stärkere Mitschüler, Unglück: Unfall, Grenzen: Krankheit
oder Tod etc. Das Gespräch sollte jedoch recht kurz sein.)*

Ja, aber jetzt ist ja die Frage: Was machen wir denn, wenn wir Angst haben? Schaut einmal her! Einige Kinder haben etwas gebastelt. Das habe ich einmal in einem Buch gefunden. Es ist ein „angstfressendes Riesenkrokodil". Erst fand ich den Vorschlag lustig und witzig. Aber dann habe ich gedacht: Nein, das ist Augenwischerei. Es gibt ja kein Riesenkrokodil, das meine Ängste fressen würde. Und ihr alle, ihr Kinder, ihr Jugendlichen und auch Sie, die Erwachsenen, ihr habt alle kein angstfressendes Riesenkrokodil zu Hause. Also können wir das wieder wegstellen; das hilft uns auch nicht. *(Der / die KatechetIn stellt das Riesenkrokodil zur Seite).*

Was machen wir also mit unserer Angst? Und dann ist mir eingefallen: In der Bibel, da steht etwas drin, das könnte uns helfen. Und der Pfarrer/Kaplan/Diakon … liest uns das jetzt einmal vor. Hört mal gut zu. Dann ahnt ihr nämlich, was oder wer uns in unserer Angst helfen kann.

Lesung

Ja, hört einmal zu. Zwei Stellen lese ich euch vor, eine aus dem Alten und eine aus dem Neuen Testament. Zuerst kommt die aus dem Alten Testament. Das sagt der Psalmbeter:

(Ps 62, 6f. 8b. 9)
Bei Gott allein kommt meine Seele zur Ruhe;
denn von ihm kommt meine Hoffnung.
Nur er ist mein Fels, meine Hilfe, meine Burg;
darum werde ich nicht wanken.
Gott ist mein schützender Fels, meine Zuflucht.
Vertraut ihm zu jeder Zeit!
Schüttet euer Herz vor ihm aus!
Denn Gott ist unsere Zuflucht!

Und das sagt Jesus seinen Jüngern, das sagt er allen, die an ihn glauben:

(Mt 11, 28)
Kommt alle zu mir, die ihr euch plagt und schwere Lasten zu tragen habt. Ich werde euch Ruhe verschaffen.

Katechese, 2. Teil

Also – das können wir mit unserer Angst machen. Wir können sie vor Gott bringen. Wir können zu Gott sagen: Du, ich habe Angst. Hilf mir in meiner Angst. Und Gott sagt zu uns: Ja, kommt nur. Bringt sie her – eure Angst. Bei mir könnt ihr Ruhe finden. Er sagt nicht: Ihr braucht keine Angst zu haben. Nein, Angst hat jeder. Aber ihr könnt mit eurer Angst und mit all euren Sorgen zu mir kommen. Bei mir findet ihr Zuflucht, Schutz, Ruhe; dann ist eure Angst nicht mehr so schlimm. So wie ihr Kinder zu euren Eltern gehen könnt, wenn ihr Angst habt – so, wie wir Erwachsene zu unserem Partner oder zu einem Freund gehen können, wenn wir Angst oder Sorgen haben – so können wir zu Gott gehen. Ihm können wir unsere Ängste und Sorgen sagen. Und das werden wir jetzt machen. Wir haben zu Beginn des Gottesdienstes viele Zettel ausgeteilt, auf die viele ihre Ängste geschrieben haben. Davon werden wir jetzt einige vorlesen. Und jedesmal, wenn wir ein paar vorgelesen haben, singen wir zusammen das

Lied: Alle eure Sorge werft auf ihn (s. Anhang, Nr. 1)
(Aus dem Karton, in dem die „Ängste und Sorgen" vor dem Gottesdienst eingesammelt wurden, werden nun einzelne Zettel herausgenommen und anonym vorgelesen. Nach jeweils vier Nennungen wird der Kanon „Alle eure Sorge werft auf ihn" gesungen. Die Zettel werden nach dem Vorlesen an das Kreuz gehängt zum Zeichen dafür, daß ich mit meinen Ängsten zu Gott kommen kann.)

Fürbitten

In diesem Vertrauen auf unseren Gott, zu dem wir mit unseren Ängsten und Sorgen kommen dürfen, wollen wir bitten:

Kind:
Guter Gott, wie oft haben wir Kinder Angst: Angst im Dunkeln, Angst, wenn wir alleine sind, Angst vor anderen, die stärker und böse sind. Bleibe bei uns, guter Gott, auch wenn wir Angst haben. Laß uns bei dir neuen Mut finden.
Gott, wie Vater und Mutter –
Alle: Wir bitten dich, erhöre uns.
(Auch diese Fürbitten können von den Beteiligten selbst formuliert werden. Dazu wird der Anfang der Fürbitte vorgegeben; er bleibt gleich. Bei einem so heiklen Thema ist es sinnvoll, den vorgesehenen

Personen die Fürbitten schon ein oder zwei Tage vorher auszuhändigen, damit sie in Ruhe überlegen können. Für den Fall, daß einige zu diesem Thema nichts Eigenes schreiben bzw. sagen wollen, werden diese vorformulierten Fürbitten mitgebracht.)

Jugendlicher:
Guter Gott, wie oft haben wir Jugendliche Angst: Angst davor, daß wir mit unseren Pickeln nicht so gut aussehen, Angst, daß uns niemand mag, Angst, daß wir keine/n Partner/in finden, Angst, daß wir keine Lehrstelle oder keinen Beruf finden, der uns gefällt. Guter Gott, schenke uns Vertrauen, und laß uns mit unseren Ängsten bei dir geborgen sein.
Gott, wie Vater und Mutter –
Alle: Wir bitten dich, erhöre uns.

Erwachsener:
Guter Gott, wie oft haben wir Erwachsene Angst: Angst um unseren Arbeitsplatz, Angst, es könnte jemandem aus der Familie etwas zustoßen, Angst vor Krankheiten. Guter Gott, begleite du uns auf all unseren Wegen; bleibe bei uns in all unseren Ängsten und stärke uns.
Gott, wie Vater und Mutter –
Alle: Wir bitten dich, erhöre uns.

älterer Erwachsener:
Guter Gott, wie oft haben wir Senioren Angst: Angst vor neuen Krankheiten, Angst, den Partner oder die Partnerin zu verlieren, manchmal auch Angst vor dem Tod. Guter Gott, wir bitten dich, der Glaube an dich, den lebenspendenden Gott, stärke uns und hilf uns auf unserem Weg hin zu dir.
Gott, wie Vater und Mutter –
Alle: Wir bitten dich, erhöre uns.

Guter Gott, du wirst unser Vertrauen in dich nicht enttäuschen. Du wirst dich immer als der Gott zeigen, der unser Leben will und der unsere Angst nehmen kann. Höre alle unsere Bitten, auch die vielen unausgesprochenen in unserer Gottesdienstgemeinde. Amen.

Lied zur Gabenbereitung: Meine engen Grenzen (in: Cantate, Nr. 3)

Sanctus: Heilig, heilig, heilig (GL, Nr. 491)

Lied zum Friedensgruß: Halte zu mir, guter Gott (s. Anhang, Nr. 9)

Lied zur Kommunion: Andere Lieder wollen wir singen (Tr, Nr. 372)

Gebet
Gott, der du für uns wie Vater und Mutter bist, wir haben auf dein
Wort gehört, wir haben miteinander das Brot gebrochen und Mahl
gehalten.
Wir bitten dich, laß uns in deinem Geist leben,
dann werden wir Gemeinschaft mit dir finden,
Gemeinschaft, die uns Trost und Frieden schenkt,
auch dann, wenn unser Lebensweg durch dunkle Schluchten führt,
oder wenn uns Ängste quälen. Amen.

Segenslied: Komm, Herr, segne uns (in: Cantate, Nr. 332)

Segen

Schlußlied: Herr, deine Güt ist unbegrenzt (GL, Nr. 289)

Daran erkennt man uns Christen

Eingangslied: Kommt herbei (GL, Nr. 270)

(Tages-)Gebet
Guter Gott, wir danken dir für diesen Tag und all das Schöne, das wir
schon erlebt haben oder was wir heute noch erleben werden. Wir
danken dir für alle Menschen, die uns heute begegnen und die unser
Leben froher machen. Laß uns in allem Guten, das uns begegnet,
dich als den Geber alles Guten ahnen. Amen.

Katechese
*(Zu Beginn der Katechese wird eine Overheadfolie aufgelegt, die in
der Mitte des Blattes ein Röntgenbild zeigt mit einem Kreuz im Brust-
korb.)*

Bild von
Großeltern

Bild von einem
Davidsstern

Bild von einer
Mutter mit einem Kind

Bild der
Heiligen Elisabeth

Bild des
Heiligen Pankratius

Bild von einem
Kind

Nein, so ist das gewiß nicht. So kann man einen Christen gewiß nicht erkennen. Das wäre auch ganz schön kompliziert. Wenn man jemanden erst röntgen müßte, um zu sehen, ob er Christ ist.

Aber darüber wollen wir heute ein wenig nachdenken, und darüber möchte ich vor allem mit euch Kindern sprechen: Woran erkennt man denn einen Christen? Woran erkennt man, daß jemand an Jesus Christus und an Gott glaubt?

(Es folgt ein erstes kurzes Gespräch, in dem verschiedene Symbole angesprochen werden. In unserem Gottesdienst ging das Gespräch recht schnell in diese Richtung. Hilfreich ist es aber sicher, wenn man einige der Symbole – vielleicht sogar vergrößert – dabeihat oder sie auf den Overheadprojektor legen kann, um das Gespräch in diese Richtung zu lenken. Folgende Symbole können z. B. angesprochen werden:)

Kreuz um den Hals oder in der Wohnung,

SOS oder Fisch am Auto,

das Zeichen der Sternsinger, 19 * C + M + B * 98, an der Wohnungstür, …

(Ggf. fragt der/die KatechetIn in der Gottesdienstgemeinde, wer alles ein Kreuz um den Hals trägt, einen Fisch auf dem Auto hat,… und läßt es durch Fingerstrecken oder Aufstehen zeigen.)

Einige aus der Gemeinde werden uns noch einige Dinge nennen, an denen man einen Christen oder eine Christin erkennen kann. Hört einmal gut zu! Und schaut es euch an; ihr werdet es auch auf dem Tageslichtprojektor sehen.

(Wiederkehrende, sich wiederholende Elemente:

1. Wir haben jeweils Photographien oder Fotokopien von dem hl. Pankratius, der hl. Elisabeth von Thüringen, von Eltern, Großeltern und einem Mitbürger, der Juden geholfen hatte, schwarz-weiß auf eine Overheadfolie kopiert und die einzelnen Bilder auseinandergeschnitten.

2. Bevor der Erwachsene liest, legt ein Kind ein Bild des hl. Pankratius bzw. der anderen Personen auf die Folie zu dem „Brustbild".

3. Nach dem Lesen der einzelnen Texte wird jeweils gesungen „Dies ist mein Gebot" [GL, Nr. 626, 4 oder Tr, Nr. 10, hier aber nur die 1. Zeile]

4. Die Vorleser bleiben vorne am Altar stehen. Nach der Lesung folgt dann der Bußakt – verbunden mit den Fürbitten, in dem die einzelnen Personen noch einmal kurz etwas vortragen.)

älterer Erwachsener:
Einen Christen erkennt man an seinem Glauben. Ein Christ sagt: Ich glaube. Ich glaube an Jesus, den Christus, den Messias, den Retter. Das hat der hl. Pankratius getan. Er hat gesagt. Ich glaube an Christus. Ich bin ein Christ. Deswegen ist er umgebracht worden. Weil er aber so treu zu seinem Glauben gestanden hat, deswegen ist er der Patron unserer Pfarrkirche geworden.
(In anderen Kirchen ist entsprechend ein anderer Heiliger auszuwählen.)

1. Erwachsener:
Einen Christen erkennt man an der Liebe zu den Menschen. So hat die hl. Elisabeth von Thüringen die Menschen geliebt. Sie hat ihnen von ihrem Reichtum abgegeben. Sie ist zu den Menschen gegangen, die arm und krank waren. Und sie hat ihnen Nahrung gegeben und sie gepflegt. Darum ist sie zum Vorbild für viele Christen geworden. Und deshalb finden wir ihr Bild auch in einem von unseren Kirchenfenstern
(den jeweiligen Gegegenheiten anpassen).

Jugendlicher:
Einen Christen erkennt man an der Liebe zu den Menschen. Viele haben im Hitler-Deutschland anderen geholfen. Manche hatten den Mut, jüdische Mitbürger zu verstecken, obwohl sie dadurch selbst in Lebensgefahr gerieten.

2. Erwachsener:
Einen Christen erkennt man an der Liebe zu den Menschen. Seht euch nur die Mütter an! Was müssen die nicht alles für euch Kinder und für euch Väter und für euch Großeltern tun: waschen, putzen, kochen, nähen, flicken, zuhören, trösten, helfen und und und – alles kleine Zeichen ihrer Liebe.

Kind:
Einen Christen erkennt man an der Liebe zu den Menschen. Da sind die vielen Großeltern: Oma und Opa. Wie oft springen sie ein und helfen, wenn Hilfe gebraucht wird, jemand krank ist oder Mutter

und Vater arbeiten müssen. Wie oft laden sie uns ein. Was bekommen wir alles von ihnen geschenkt – alles kleine Zeichen der Liebe.

3. Erwachsener:
Einen Christen erkennt man an der Liebe zu den Menschen. Schaut mal auf die Kinder. Wie oft kommen sie zum Schmusen, zum Trösten, zum Zärtlich-Sein. Wie oft helfen sie zu Hause, den Eltern, den Freunden, den Schulkameraden.
(Wenn Sie sich für den Liedruf aus dem „Troubadour" entschieden haben, wird jetzt im Anschluß an diesen Text der Liedruf ganz gesungen.)

Ja, daran erkennt man einen Christen, daran soll man uns alle erkennen. Die Liebe ist das Erkennungszeichen eines Christen. Das sagt auch die Bibel. Hört einmal zu!

Lesung 1 Joh 4, 7.16b.19–21:
Liebe Schwestern und Brüder, wir wollen einander lieben; denn die Liebe ist aus Gott, und jeder, der liebt, stammt von Gott und erkennt Gott.
Gott ist die Liebe, und wer in der Liebe bleibt, bleibt in Gott und Gott bleibt in ihm.
Wir wollen lieben, weil er uns zuerst geliebt hat. Wenn jemand sagt: Ich liebe Gott!, aber seinen Bruder oder seine Schwester haßt, ist er ein Lügner. Denn wer seinen Bruder oder seine Schwester nicht liebt, den/die er sieht, kann Gott nicht lieben, den er nicht sieht. Und dieses Gebot haben wir von ihm: Wer Gott liebt, soll auch seinen Bruder und seine Schwester lieben.
(Als Alternative wäre auch „Das Beispiel vom barmherzigen Samariter", Lk 10, 25–37, denkbar. Ich habe mich für die Lesung aus dem ersten Johannesbrief entschieden; er ist in seiner Aussage deutlich und klar und gibt gleichzeitig die Begründung an, warum wir Schwester und Bruder lieben sollen.)

Bußakt und Fürbitten
Guter Gott, wir wissen, daß wir diesem Kennzeichen eines Christen, daß wir der Liebe nie ganz gerecht werden. Darum bekennen wir unser Versagen vor dir und bitten dich um deinen Beistand:

älterer Erwachsener:
Der Glaube könnte in unserem Leben eine noch größere Rolle spielen. Wie oft sprechen wir denn von unserem Glauben? Wie oft treffen wir wichtige Entscheidungen, ohne auf unseren Glauben Rücksicht zu nehmen.
Guter Gott, stärke unseren kleinen Glauben!

(Nach den einzelnen Gedanken wird jeweils der Liedruf gesungen „Herr, erbarme dich unserer Zeit" [Tr, Nr. 197])

1. Erwachsener:
Andere hungern, andere sind krank – läßt uns das nicht oft genug kalt? Es berührt uns kaum. Es bleibt eine Nachricht unter vielen Nachrichten. Wir vergessen sie schnell wieder, und es stört uns nicht.
Guter Gott, bewege du unser Herz, damit uns die Not unserer Mitmenschen nicht gleichgültig läßt.

Jugendlicher:
Politischer Terror, Folter, Ungerechtigkeit – das ist alles weit weg. Wir hören davon und vergessen es wieder. Es kümmert uns nicht.
Guter Gott, rüttle uns wach; rüttle unser Gewissen und das Gewissen der Politiker wach, damit wir kleine Schritte tun können.

2. Erwachsener:
Manchmal ist es auch für Eltern schwer zu lieben. Dann sind wir nur noch genervt. Dann wollen wir endlich einmal unsere Ruhe. Dann haben wir den Eindruck: Wir müssen nur geben, und um uns kümmert sich gar niemand.
Guter Gott, schenke uns Geduld, Nerven wie Drahtseile, und stärke uns in unserer Liebe.

Kind:
Und wir Kinder: Auch uns fällt es manchmal schwer, die Eltern oder die Geschwister oder die Freunde gern zu haben. Dann streiten wir, obwohl das für uns auch nicht schön ist. Und dann haben wir keine lieben Worte für Mutter, Vater, Großeltern oder Freunde. Dann sind wir nur noch sauer und traurig.
Guter Gott, mache du uns froh.

Guter Gott, wir können sicher sein, daß du uns liebst und daß du bei uns bist. Im Vertrauen auf deine Nähe wollen wir versuchen, deine Liebe in die Welt hineinzutragen. Amen.

Lied zur Gabenbereitung: Nimm, o Herr, die Gaben, die wir bringen (Tr, Nr. 156)

Sanctus: Heilig, heilig (GL, Nr. 491)

Ruf zum Friedensgruß: Frieden (auf die Melodie „Amen", Tr, Nr. 318)

Lied zur Kommunion: Wo Menschen sich vergessen (Da berühren sich Himmel und Erde, s. Anhang, Nr. 4)

Danklied: Die Sache Jesu braucht Begeisterte (Tr, Nr. 366)

Gebet
Ja, guter Gott, das glauben wir: Du bist die Liebe. Du bist Gott, der uns Menschen liebt. Du bist Gott, der uns wie ein guter Vater und wie eine gute Mutter liebt. Du bist Gott, der unser Heil will. Dafür danken wir dir. In diesem Glauben haben wir die große Danksagung gefeiert, die Eucharistie. In diesem Glauben gehen wir durch die nächste Zeit, im Vertrauen auf dich, den Gott, der liebend bei uns ist. Amen.

Segen

Schlußlied: Wir wollen alle fröhlich sein (GL, Nr. 223)

Wir packen unsere Koffer für die Ferien

(Vor dem Gottesdienst werden an möglichst viele GottesdienstteilnehmerInnen vorbereitete „Traum-Zettel" ausgeteilt, auf die Wünsche und Träume in bezug auf den bevorstehenden Urlaub bzw. die kommenden Ferien aufgeschrieben werden. Die Zettel werden –

anonym – in bereitgestellte Körbchen gelegt und später als Teil der Fürbitten zum Altar gebracht.)

Von meinen Ferien erträume ich...

Eingangslied: Mich brennt's in meinen Reiseschuh'n (z. B. in: die mundorgel, ³1968, Nr. 121)

(Tages-)Gebet
Gott, unser Vater. Du schenkst uns unsere Lebenszeit: die Wochen, Monate und Jahre. Vor uns liegt jetzt eine schöne Zeit, auf die sich viele von uns freuen: die Sommerferien. Da haben wir Zeit für uns, für die anderen und auch für dich, guter Gott. Wir können mit unserer Zeit machen, was wir wollen. Solche Wochen sind gut und wichtig für uns. Damit sie gelingen, bitten wir dich:
Öffne du unsere Augen für die Schönheit deiner Welt.
Öffne du unsere Ohren für die Worte der anderen und für dein Wort.
Öffne du unsere Herzen füreinander.
Amen.

Katechese und Lesungen
(Vor dem Altar steht ein großer, aufgeklappter Koffer. Der/die Kate-chetIn erklärt, wozu der Koffer dienen soll.)
Wir haben es im Gebet gehört. Viele von uns denken ganz oft daran. Bald gibt es Ferien. Bald ist Urlaubszeit. Viele werden wegfahren. Dazu muß ein Koffer gepackt werden. Und darüber werden wir heu-

te in unserem Gottesdienst nachdenken: Was müssen wir denn alles einpacken, was müssen wir alles in den Koffer packen, damit Urlaub und Ferien gelingen können?

1. Erwachsener:
Ich brauche meinen Sonnenhut für Ferien und Urlaub. Da kann ich mich ganz ruhig in die Sonne setzen und so richtig ausspannen.
(Jeder, der nach vorne kommt, bringt „seinen" Gegenstand mit und legt ihn nach dem Vorstellen in dem Koffer ab.
Die Struktur des Katechese-Teils bleibt im folgenden gleich: Mehrere Personen bringen einen Gegenstand nach vorne oder holen etwas aus dem Koffer heraus, das nicht mitgenommen werden soll. Der Gegenstand wird kurz kommentiert. Nach zwei oder drei Gegenständen folgt eine passende Bibelstelle. Sie wird jedesmal eingeleitet mit: „Wir hören ein Wort aus der Bibel." Die Einleitung ist wichtig, da sonst die kurze Bibelstelle „untergeht". Der Katechet/die Katechetin verbindet in einem kurzen Kommentar Bibelstelle und vorgebrachte Gegenstände. Durch die unterschiedlichen SprecherInnen wird die Aufmerksamkeit in dem langen verbalen Teil der Katechese erhöht. Als auflockernde Elemente werden zudem zwei Lieder gesungen.)

2. Erwachsener:
Ich packe ein Buch in den Koffer. Denn in den Ferien oder im Urlaub, da hab' ich endlich Ruhe. Da kann ich endlich etwas lesen.

1. Kind:
Und ich – ich hole meine Schulbücher aus dem Koffer heraus. In den Ferien oder gar im Urlaub, da muß ich nicht lernen. Da hab' ich Ruhe vor den Schul- und Hausaufgaben.

Pfarrer, Kaplan, Diakon ...:
Wir hören ein Wort aus der Bibel: (Ex 20, 9 f)
Sechs Tage darfst du schaffen und jede Arbeit tun. Der siebte Tag ist ein Ruhetag, dem Herrn, deinem Gott, geweiht. An ihm darfst du keine Arbeit tun, du, dein Sohn und deine Tochter, ... dein Vieh und der Fremde, der bei dir wohnt.

KatechetIn:
Ja, die Bibel weiß darum: Es gibt Tage, da müssen wir arbeiten. Aber

es muß auch Tage geben, da dürfen wir uns ausruhen. Und Gott will, daß wir uns ausruhen. Darum freut euch darauf, und genießt es!

2. Kind:
Ich bringe ein Spiel für unseren Koffer. In den Ferien, da ist oft Zeit, um gemeinsam etwas zu spielen. Darauf freue ich mich schon.

3. Erwachsener:
Ich nehme eine Flasche Wein mit in den Urlaub. Da können wir uns zusammensetzen, miteinander reden und dabei einen kleinen Schluck Wein trinken.

Pfarrer, Kaplan, Diakon ...:
Wir hören ein Wort aus der Bibel: (2 Kor 13, 11)
Im übrigen, liebe Schwestern und Brüder, freut euch, ... seid eines Sinnes, und lebt in Frieden. Dann wird der Gott der Liebe und des Friedens mit euch sein.

KatechetIn:
Auch das weiß die Bibel: Alleinsein ist nicht immer schön. Das Zusammensein, Miteinandersein, Sich-zusammen-Freuen ist besser. Und da, wo zwei oder drei in Frieden zusammen sind, da ist Gott mitten unter ihnen.

Lied: Wo zwei oder drei in meinem Namen versammelt sind
(Tr, Nr. 128)

3. Kind:
Ich bringe eine Landkarte und stecke sie in den Koffer. Da sind viele Höhlen und Burgen eingezeichnet. Seid ihr schon einmal in eine tiefe Höhle gegangen? Das ist ganz schön aufregend und spannend.

4. Erwachsener:
Und ich packe ein Fernglas ein. Im Urlaub, da fällt mir immer wieder auf, wie schön unsere Erde ist, wieviel Schönes es zu sehen gibt.

Pfarrer, Kaplan, Diakon ...:
Wir hören ein Wort aus der Bibel: (Sir 43, 1.11)
Die Schönheit der Berge, das klare Firmament und der gewaltige Himmel sind ein herrlicher Anblick. Schau den Regenbogen an, und preise seinen Schöpfer; denn überaus schön und herrlich ist er.

KatechetIn:
Vielleicht fällt es uns in der Ferienzeit wieder auf: So schön ist unsere Welt. Nehmen wir uns ruhig einmal Zeit, sie anzuschauen und staunend davor stehenzubleiben: vor den hohen Bergen, vor dem unendlich vielen Wasser im Meer, vor den kleinen Blumen oder den großen Bäumen.

Jugendlicher:
Ich hole den Wecker aus dem Koffer. Endlich mal nicht aufstehen müssen! Endlich mal nicht geweckt werden! Mal so richtig ausschlafen können. Das ist doch schön.

5. Erwachsener:
Und ich bringe eine Sanduhr mit. Sie soll ein Zeichen sein, ein Zeichen für die Zeit, die wir in den Ferien und im Urlaub haben: Zeit füreinander, Zeit, um schöne Sachen zu machen; Zeit zum Nichtstun.

Pfarrer, Kaplan, Diakon ...:
Wir hören ein Wort aus der Bibel: (Koh 3, 1.2c.d.4a.c)
Alles hat seine Stunde. Für jedes Geschehen unter dem Himmel gibt es eine bestimmte Zeit, eine Zeit zum Pflanzen und eine Zeit zum Ernten, eine Zeit zum Weinen und eine Zeit zum Tanzen.

KatechetIn:
Ja, alles hat seine Zeit – das weiß auch die Bibel. Und wir dürfen für alles Zeit haben. Und wir müssen uns nicht nur hetzen lassen. Genießen wir doch die freie Zeit, die uns geschenkt wird.

4. Kind:
Ich bringe einen Gebetswürfel für unseren Koffer. Auch in den Ferien können wir beten. Vielleicht gibt es sogar manchmal einen besonderen Grund, Gott zu danken.

6. Erwachsener:
Und ich nehme auch eine Bibel mit in den Urlaub. Vielleicht gibt es auch mal eine Zeit, in der Bibel zu lesen.

Pfarrer, Kaplan, Diakon ...:
Wir hören ein Wort aus der Bibel: (Ps 139, 8a.9 f)
Steige ich hinauf in den Himmel, so bist du dort; ... Nehme ich die Flügel des Morgenrots und lasse mich nieder am äußersten Meer,

auch dort wird deine Hand mich ergreifen und deine Rechte mich fassen.

KatechetIn:
Gott wird immer bei uns sein, auch im Urlaub. Das ist eine frohe Botschaft, die uns die Bibel verkündet. Vielleicht gibt es im Urlaub sogar besondere Gelegenheiten, Gott zu begegnen – in der Schönheit der Natur, in der Begegnung mit den anderen. Es wird sicher Gelegenheiten geben, an ihn zu denken.

5. Kind:
Ich bringe viele bunte Tücher und lege sie in den Koffer. Sie sind ein Zeichen – ein Zeichen für all das Schöne und Bunte, das wir in den Ferien oder im Urlaub erleben können.

Pfarrer, Kaplan, Diakon ...:
Wir hören ein Wort aus der Bibel: (Sir 14, 14)
Versag dir nicht das Glück des heutigen Tages; an der Lust, die dir zusteht, geh nicht vorbei.

KatechetIn:
Nein, die Bibel ist nicht das Buch, das uns immer nur vorschreiben will oder uns immer nur verbietet. Es ist ein Buch voller froher Botschaft. Und deshalb fordert es uns auf, froh zu sein, das Glück zu ergreifen und dem Leben mit Lust zu begegnen.

(Während des folgenden Liedes muß das Kind, das gleich die Fürbitte vorträgt, das Körbchen mit den „Traum-Zetteln" holen.)

Lied: Herr, ich werfe meine Freude wie Vögel an den Himmel (Tr, Nr. 511)

Fürbitten
Wir wollen Fürbitte halten. Dabei wollen wir heute nicht nur an die anderen denken, die unser Gebet so nötig haben. Wir wollen auch uns und unsere Wünsche und Träume vor Gott bringen.

Kind:
Vor dem Gottesdienst haben einige ihre Wünsche und Träume aufgeschrieben. Ich bringe sie vor Gott an den Altar. Ich schütte sie alle in den Koffer.

Guter Gott, laß viele dieser Wünsche und Träume wahr werden. Gott, unser Vater – wir bitten dich, erhöre uns.

Jugendlicher:
Guter Gott, ich bitte dich für all jene, denen das Träumen vergangen ist,
– weil Krieg um sie herum herrscht,
– weil sie der Hunger quält,
– weil sie unter dauernder Ungerechtigkeit leiden.
Bewege die Herzen aller Verantwortlichen in Politik, Gesellschaft und Kirche, daß sie nicht müde werden, für eine menschenfreundliche Welt und für ein menschenwürdiges Leben einzutreten.
Gott, unser Vater ...

Erwachsener:
Guter Gott, wir bitten dich für alle, die mit der Realität unserer Welt nicht zurechtkommen,
– die sich in Scheinwelten flüchten,
– die Zuflucht zu Drogen nehmen,
– die den Sekten in die Hände fallen.
Befreie sie aus solchen Scheinwelten, und schenke ihren Angehörigen Trost, Zuspruch und Hoffnung.
Gott, unser Vater ...

älterer Erwachsener:
Guter Gott, ich bitte dich für all die, die ihre freie Zeit nicht genießen können,
– die ihre Arbeit verloren haben,
– die kaum das Nötigste zum Leben besitzen,
– die krank zu Hause bleiben müssen.
Dein Geist mache sie stark, damit sie ertragen, was sich nicht ändern läßt, und damit sie voll Zuversicht das ändern, was in ihrer Macht liegt.

Guter Gott, erhöre uns, wenn wir zu dir rufen. Nimm auch unsere Träume als stille Bitten! Und bleibe bei uns, wo immer wir auch sind. Amen.

Lied zur Gabenbereitung: Nimm, o Herr, die Gaben, die wir bringen (Tr, Nr. 156)

Sanctus: Heilig, Herr, Gott aller Mächte und Gewalten (GL, Nr. 427)

Lied zum Friedensgruß: Wenn du singst, sing nicht allein (Tr, Nr. 115)

Danklied: Wenn einer alleine träumt (Tr, Nr. 487)

Gebet
Guter Gott. Wir haben heute unsere Koffer für die Ferien gepackt mit unseren Wünschen und Hoffnungen, mit Dingen, die uns wichtig sind und unser Leben froh machen. Was wir aber auch brauchen, ist dein Segen und dein Beistand. Dann wird unser Leben gelingen – in den Ferien und über die Ferien hinaus. Um diesen Segen bitten wir dich durch Christus, unseren Bruder. Amen.

Aaronitischer Segen
Der Herr segne und behüte dich.
Der Herr lasse sein Angesicht über dir leuchten und sei dir gnädig.
Der Herr wende sein Angesicht dir zu und schenke dir Heil.
So segne uns der Vater, der Sohn und der Heilige Geist. Amen.

Schlußlied: Nun danket alle Gott (GL, Nr. 266)

Spuren – Nach den Ferien zu einem neuen Anfang

Eingangslied: Lobet den Herren alle, die ihn ehren (GL, Nr. 671, 1., 2. und 4. Str.)

(Tages-)Gebet
Herr, guter Gott, unser Weg hat uns hierher in den Gottesdienst geführt. Die Ferien, der Urlaub, die freie Zeit – sie sind für die meisten von uns vorbei. Wir wollen dir heute Dank sagen für diese Zeit und dich im Vertrauen auf deine Gegenwart bitten: Begleite uns auf all unseren Lebenswegen, und laß uns deine Nähe spüren. Amen.

Katechese, 1. Teil

Die meisten von uns waren in Urlaub. Ganz viele haben diese schöne Zeit genossen: einmal ausspannen können, nicht in die Schule gehen oder arbeiten müssen, eher tun dürfen, was man will. Jetzt aber sind wir zurückgekehrt, und Schule und Arbeit haben wieder begonnen. Über diesen Weg, den wir in den letzten Wochen zurückgelegt haben, und über den Weg, den wir jetzt wieder gehen müssen, werden wir heute gemeinsam nachdenken.

(Ein Kind, ein Jugendlicher und ein Erwachsener bringen jeweils eine Fußspur nach vorne zum Altar, wo sie auf einen großen, für alle sichtbaren Karton geklebt werden. Sie erzählen kurz von dem vergangenen Urlaub bzw. Zeltlager der Pfarrei o. ä. Von Vorteil ist es, wenn die aufzuklebenden Fußspuren leicht auf dem Karton skizziert werden. Das erspart unnötige organisatorische Nachfragen oder Unterbrechungen.)

Kind:
Wir waren mit der ganzen Familie in Urlaub. Das war sehr schön. Besonders hat mir gefallen,

. . . .

(Die leeren Zeilen stehen für die subjektiven Eindrücke der Beteiligten, die hier laut werden sollen.)

Jugendlicher:
Wir waren wie jedes Jahr im Zeltlager. Die Stimmung war bei allen gut. Besonders gut war dieses Jahr

. . . .

Erwachsener:
Ich hatte ebenfalls Urlaub. Ich konnte einmal ausspannen und konnte Dinge tun, für die ich sonst keine Zeit habe. Das hat mir (und der ganzen Familie) gutgetan.

. . . .

KatechetIn: Vieles Schöne haben wir erlebt in den vergangenen Wochen. Für all das Schöne in der vergangenen Zeit wollen wir Gott mit einem Lied danken.

Lied: Wir danken dir (im Kanon, nach der Melodie: Für Speis und Trank; in: Mein Kanonbuch, Nr. 125)

Katechese, 2. Teil
Die Spuren stehen für den Weg, der hinter uns liegt. Jetzt schauen wir auf den Weg, der vor uns liegt.

(Ein Kind, ein Jugendlicher, ein Erwachsener, ein älterer Erwachsener bringen jeweils eine weitere Fußspur nach vorne. Die Spuren werden wiederum angeklebt; der Weg wird fortgesetzt. Dabei wird davon erzählt, welcher Weg jetzt nach den Ferien begonnen hat.)

Kind:
Jetzt hat die Schule wieder angefangen. Jetzt müssen wir wieder jeden Morgen früh aufstehen, in die Schule gehen und lernen. Das macht oft Spaß, manchmal aber auch nicht. Und manchmal ist es ganz schön schwer.

Jugendlicher:
Auch für uns hat die Schule (die Ausbildung, die Arbeit) wieder begonnen. Ich bin gespannt, was uns das kommende (Schul-)Jahr (...) bringen wird.

Erwachsener:
Der Urlaub ist vorüber. Der Alltag hat wieder angefangen. Viele Dinge müssen wieder gemacht und erledigt werden. Hoffentlich bringt uns die kommende Zeit viel Gutes, hoffentlich nichts Schlimmes.

älterer Erwachsener:
Auch wir Älteren fragen uns zu so einem Anlaß: Was wird die kommende Zeit bringen? Bleiben wir gesund? Werden wir vielleicht krank?

KatechetIn:
So sieht unser Weg nun aus: Wir kommen aus den Ferien, aus dem Urlaub und gehen weiter in den Alltag unseres Lebens, in der Schule, bei der Arbeit, zu Hause, wo wir auch immer sind. Diesen Weg gehen wir aber nicht alleine. Das wissen wir alle. Ganz viele Menschen begleiten uns. Und gerade dadurch wird der Weg schön, bunt, manchmal auch bequem. Nennt mal alle die Menschen, die uns auf diesem Weg begleiten!

(Die Kinder werden im Gespräch Mutter, Vater, Geschwister, Freunde etc. nennen. Dabei können weitere Fußspuren aufgeklebt werden, auch in verschiedenen Farben – mit Ausnahme von Gelb.)

(Vier Kinder bringen weitere Fußspuren, diesmal in Gelb. Die werden zu den anderen geklebt, so daß es so aussieht, als würde eine weitere, besondere Spur neben den vielen anderen Spuren verlaufen.)

KatechetIn: Wir haben gesagt, daß wir unsere verschiedenen Wege nicht alleine gehen müssen. Wir haben auch viele genannt, die uns begleiten: … Eben haben andere Kinder noch andere Fußspuren auf unser Bild geklebt, besondere Spuren, gelbe Spuren. Euch fällt bestimmt ein, was das heißen könnte!

(Wenn die Kinder nicht Jesus oder Gott als Wegbegleiter nennen, wird sofort zur Lesung übergeleitet. Das ist allerdings unwahrscheinlich. Wahrscheinlicher ist, daß die Kinder Gott schon in der kurzen Gesprächssequenz davor nennen.)

Lesung: Psalm 23: Der gute Hirt
Der Herr ist mein Hirte, nichts wird mir fehlen. Er läßt mich lagern auf grünen Auen und führt mich zum Ruheplatz am Wasser. Er stillt mein Verlangen; er leitet mich auf rechten Pfaden, treu seinem Namen. Muß ich auch wandern in finsterer Schlucht, ich fürchte kein Unheil; denn du bist bei mir, dein Stock und dein Stab geben mir Zuversicht. Du deckst mir den Tisch vor den Augen meiner Feinde. Du salbst mein Haupt mit Öl, du füllst reichlich den Becher. Lauter Güte und Huld werden mir folgen mein Leben lang, und im Haus des Herrn darf ich wohnen für lange Zeit.

Katechese, 4. Teil
Jetzt ist klar, wofür diese Fußspuren ein Zeichen sind. Der Beter in dem eben gehörten Psalm hat es gesagt: Der Herr ist mein Hirte; Gott selbst geht mit uns auf unserem Weg. Ja, das ist unser Glaube: Wir Christen glauben, daß Gott uns auf all unseren Wegen begleitet; er ist bei uns, auch wenn wir ihn nicht sehen. Und wir glauben daran, daß er vor allem dann bei uns ist, wenn es uns schlecht ergeht. Dieses Vertrauen wird in dem Lied „Halte zu mir, guter Gott" angesprochen, das wir gemeinsam mit der Schola singen wollen.

Lied: Halte zur mir, guter Gott (Anhang, Nr. 9)

Fürbitten
In diesem Vertrauen wollen wir auch Fürbitte halten.
Guter Gott, im Vertrauen darauf, daß du uns auf all unseren Wegen begleitest, bitten wir dich:

Kind:
Guter Gott, ich bitte dich für alle, die in die Schule gehen: Schenke uns deinen Geist, der uns froh sein läßt und uns Mut macht.
Gott, unser Vater, der du uns begleitest auf all unseren Wegen –
Alle: Wir bitten dich, erhöre uns.

Jugendlicher:
Guter Gott, wir danken dir für das Neue, das jetzt nach den Ferien auf uns zukommt. Bleibe bei uns, und begleite uns auf all unseren Wegen. Bleibe vor allem bei denen, denen etwas Schlechtes begegnet: die krank werden, einen Unfall erleiden, in Not geraten oder sogar sterben müssen.
Gott, unser Vater, der du uns begleitest auf all unseren Wegen –
Alle: Wir bitten dich, erhöre uns.

Erwachsener:
Guter Gott, ich bitte dich für unsere Familien. Stärke unsere Gemeinschaft, damit wir uns gegenseitig Hilfe und Stütze sind auf dem Weg durch das neue Arbeits- und Schuljahr.
Gott, unser Vater, der du uns begleitest auf all unseren Wegen –
Alle: Wir bitten dich, erhöre uns.

älterer Erwachsener:
Guter Gott, ich bitte dich für alle älteren Leute: Laß uns dankbar und ohne Verbitterung zurückschauen auf den Lebensweg, den wir schon zurücklegen durften. Und laß uns voll Zuversicht in jeden neuen Tag hineingehen.
Gott, unser Vater, der du uns begleitest auf all unseren Wegen –
Alle: Wir bitten dich, erhöre uns.

Guter Gott, wir vertrauen dir und deiner Zusage, die du uns Menschen gegeben hast. Du bist der „Ich-bin-da"; du bist der, der uns begleitet, selbst wenn unser Weg durch die finstere Schlucht führt.
Amen.

Lied zur Gabenbereitung: Ich will an deiner Seite gehen (Tr, Nr. 189) oder Daß du mich einstimmen läßt (Tr, Nr. 652) oder Den Weg wollen wir gehen (Tr, Nr. 144)

Sanctus: Hallelu, hallelu – Preiset den Herrn (Tr, Nr. 37)

Lied nach der Wandlung: Wir preisen deinen Tod (Tr, Nr. 124)

Friedensgruß: Herr, gib uns deinen Frieden (im Kanon, Tr, Nr. 143)

Lied zur Kommunion: Wer nur den lieben Gott läßt walten (GL, Nr. 295, 1. u. 2. Str.)

Danklied: Geh mit uns auf unser'm Weg (in: Cantate, Nr. 253)

Gebet

Herr, guter Gott, wir haben es auch in diesem Gottesdienst wieder gefeiert. Du bist bei uns, in den Zeichen von Brot und Wein. Du bist bei uns in unserer Gemeinde. Ja, du bist bei einem jeden von uns. Wie ein guter Hirte wirst du uns führen und begleiten. Du wirst mit uns gehen in diese Woche und in das kommende neue Schul- und Arbeitsjahr. Dafür danken wir dir. Wir sind nicht mehr allein, wo immer wir sind. Wir sind nicht mehr allein, selbst in den tiefen Schluchten unseres Lebens. Amen.

Segen

Schlußlied: Wer nur den lieben Gott läßt walten (GL, Nr. 295, 3. Str.)

Taufe – Wir gehören dazu

Eingangslied: Kommt herbei, singt dem Herrn (GL, Nr. 270)

(Tages-)Gebet

Guter Gott, wir sind hierhergekommen, um miteinander zu feiern und miteinander danke zu sagen. Wir danken dir für unsere Gemeinde, für unsere

Gemeinschaft, zu der wir dazugehören. Wir danken dir, daß du uns zugesagt hast: Ich bin bei euch. Amen.

Katechese, 1. Teil
Wir schauen uns jetzt ein paar Bilder an, und ich bin gespannt, ob ihr merkt, was heute das Thema unseres Gottesdienstes ist.

In einem kurzen Gespräch wird – unterstützt durch Folien auf dem Overheadprojektor – erarbeitet:
- *Bild 1 (Folie 1):*
  Es gibt verschiedene Menschen, manche fröhlich, manche traurig, andere eher gleichgültig.
- *Bild 2 (Folie 2):*
  Hier kommen einige zusammen, versammeln sich, machen etwas gemeinsam. Die meisten freuen sich, zu dieser Gemeinschaft zu gehören.
- *Bild 3: zu Bild 2 kommen am unteren Bildrand zwei „Außenseiter"* *hinzu.*
  Zwei stehen außerhalb, gehören nicht dazu. Vielleicht würden sie auch gerne mitmachen. So außerhalb zu stehen ist nicht schön; es wäre viel schöner, wenn man zum Mitmachen eingeladen würde.
Dazu singen wir jetzt ein Lied. Paßt gut auf! Achtet vor allem auf die letzte Strophe, denn darüber werden wir gleich noch einmal reden.

Lied: Wenn einer sagt, ich mag dich, du (Tr, Nr. 129)

Katechese, 2. Teil
- *Bild 4: Kreuz über Bild 3:*
  Wir gehören hier auch zu einer Gemeinschaft: zur Kirche, zur Gemeinde.
Sicher wissen einige noch, was wir in der letzten Strophe gesungen haben. – Gott will unser Freund sein. Gott gehört zu uns, und wir gehören zu Gott; das will uns auch das Bild deutlich machen. Er lädt uns ein, zu ihm zu kommen und mit dazuzugehören.
Er lädt uns aber auch ein, alle Menschen in diese Gemeinschaft aufzunehmen.
Und das machen wir heute: Wir wollen heute zwei kleine Kinder in

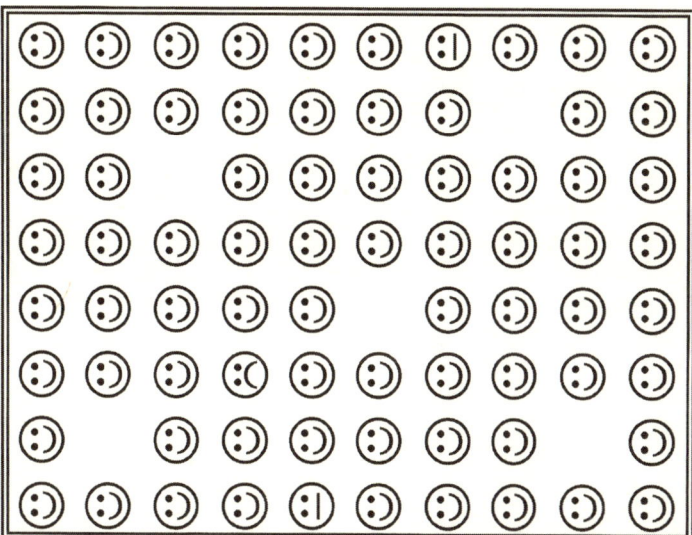

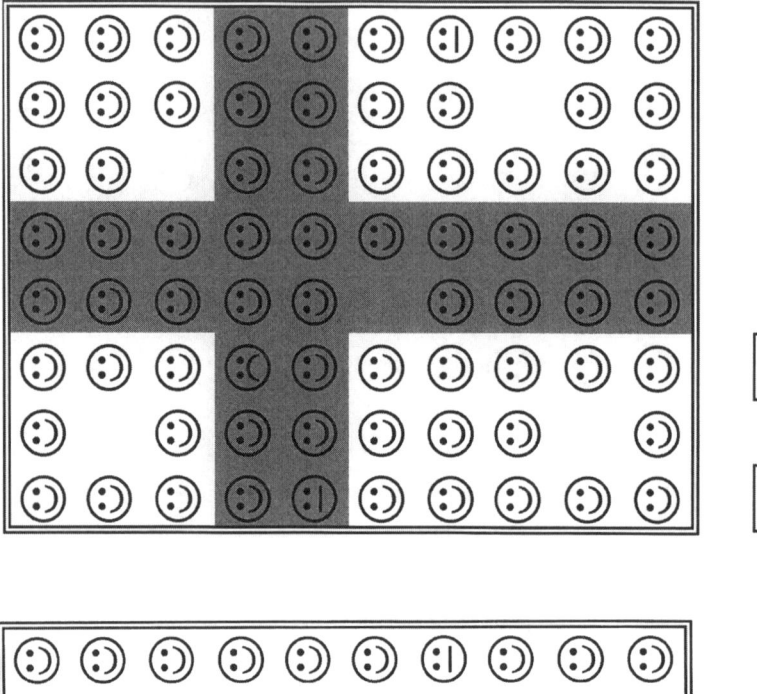

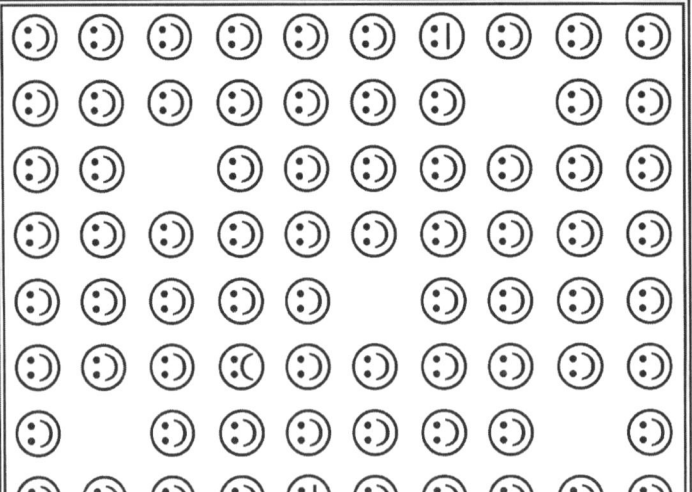

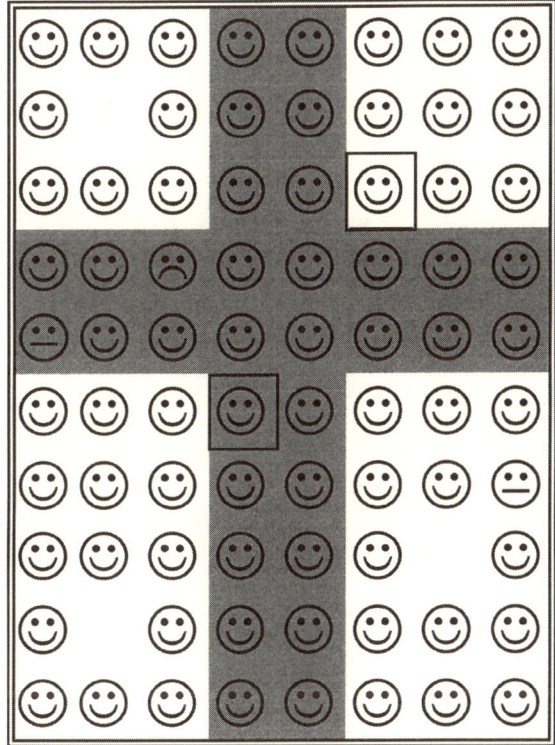

unsere Gemeinschaft aufnehmen. Wir wollen sie taufen, damit auch
sie dazugehören – so wie ihr dazugehört, seit ihr getauft seid.
Es sind der kleine N. und N.

- *Bild 5: Die beiden traurigen „Außenseiter" werden weggenommen,
  und in die Lücken der Gemeinschaft werden zwei lachende Ge-
  sichter eingelegt.*
  Diese beiden oder besser: die Eltern wollen, daß N. und N. hier zu
  uns und zu Gott gehören. Sie warten da hinten in der Kirche.
  Ihr Kinder dürft nun mit dem Pfarrer mitgehen und N. und N. abholen – aber leise, damit die beiden Babys nicht erschrecken.

Zum Abholen der Täuflinge: Instrumentalmusik
*(Der Pfarrer holt zusammen mit den Kindern die Familien ab und
begleitet sie nach vorne zur ersten Bank.*

Einige Kinder tragen die Taufkleider, Taufkerzen, Taufwasser, Tauf-
schale, Tauföle und stellen sie ab auf dem Tisch vor dem Altar.
Alle Kinder setzen sich wieder, die Eltern und Paten bleiben beim
Pfarrer vor dem Altar stehen. Die Eltern erbitten die Taufe.)

Erbitten der Taufe
Einer der Eltern:
(Hier handelt es sich um einen Vorschlag, den die Eltern überneh-
men können, aber nicht müssen. Es wäre sicher besser, wenn sich die
Eltern bereit erklären könnten, von ihrer eigenen Motivation zu spre-
chen. Aber nicht alle Eltern trauen sich das zu.)
Wir haben unsere Kinder hierher gebracht, weil wir sie taufen lassen
wollen. Sie sollen zu Gott gehören. Und sie sollen auch zu dieser
Gemeinde gehören, zusammen mit den vielen Kindern, die hier zur
Kirche kommen.
Eltern des 1. Kindes: Wir wollen unseren Sohn N. nennen.
(Evtl. weitere Ausführungen)
Eltern des 2. Kindes: Wir wollen unseren Sohn N. nennen.
(Evtl. weitere Ausführungen)

Bezeichnung mit dem Kreuz
KatechetIn (übernimmt die Rolle des Kommentators, der die einzel-
nen Symbole der Taufe benennt und kurz deutet. Er/sie steht etwas
abseits, neben dem Taufgeschehen, z. B. am Ambo, wenn die Kinder
direkt vor dem Altar getauft werden):
Als erstes Zeichen, daß N. und N. zu Gott gehören sollen, werden sie
nun mit dem Kreuz bezeichnet.
(Bezeichnung mit dem Kreuz durch Taufspender, Eltern, Paten und
Geschwister.)

KatechetIn:
Wenn wir die kleinen Kinder in die Kirche bringen, dann tun wir das,
was Jesus uns gesagt hat. Das hören wir jetzt aus der Bibel.

Lesung Mk 10, 13–16:
Da brachte man Kinder zu ihm, damit er ihnen die Hände auflegte.
Die Jünger aber wiesen die Leute schroff ab. Als Jesus das sah, wur-
de er unwillig und sagte zu ihnen: Laßt die Kinder zu mir kommen;

hindert sie nicht daran! Denn Menschen wie ihnen gehört das Reich Gottes. Amen, das sage ich euch: Wer das Reich Gottes nicht so annimmt wie ein Kind, der wird nicht hineinkommen. Und er nahm die Kinder in seine Arme; dann legte er ihnen die Hände auf und segnete sie.

Katechese, 3. Teil
Weil Jesus schon gesagt hat: Laßt die Kinder zu mir kommen, weil schon er die Kinder zu sich gerufen hat, deshalb bringen auch wir unsere Kinder zur Taufe in die Kirche.
Bevor nun die eigentliche Taufhandlung beginnt, wollen wir noch Fürbitte halten. Wir wollen Gott bitten für N. und N., aber auch für euch Kinder, für die ganze Gemeinde und für alle Menschen dieser Welt.

Fürbitten
1. *Taufspender:*
   Guter Gott, wir haben die Kinder zu dir gebracht.
   Wir bitten dich für diese beiden Kinder und für alle:

2. Fürbitte für N. *(1. Kind – wird formuliert von der Patin/dem Paten)*

3. Fürbitte für N. *(2. Kind – wird formuliert von der Patin/dem Paten)*

4. Guter Gott, wir bitten dich für die Eltern: Die Freude über dieses neue Leben begleite sie auf ihrem ganzen Lebensweg. Schenke ihnen Ausdauer und Geduld in den Anforderungen des Alltags. Und stärke sie in der Hoffnung in schwierigen Zeiten.
   Gott, wie Vater und Mutter – wir bitten dich, erhöre uns.

5. Guter Gott, wir bitten dich für alle Kinder: Laß sie ein menschenwürdiges Leben finden, eine ausreichende Ernährung, eine gute Ausbildung, offene Hände und Ohren und Menschen, die sie lieben.
   Gott, wie Vater und Mutter – wir bitten dich, erhöre uns.

6. Guter Gott, wir bitten dich für unsere Pfarrgemeinde: Hilf uns, daß diese Gemeinde ein Ort wird, wo sich Kinder und Familien wohl fühlen können und wo sie ein Stück Heimat finden.
   Gott, wie Vater und Mutter – wir bitten dich, erhöre uns.

7. Taufspender (streckt beide Hände über die Kinder aus und betet):
Jesus Christus, Bruder und Freund aller Menschen, du hast einst
Kindern die Hände aufgelegt und sie gesegnet.
Schütze diese Kinder und halte alles von ihnen fern, was unmensch-
lich und böse ist.
Stärke sie mit deinem guten Geist, dem Geist der Liebe und des
Friedens.
Laß sie bei ihren Eltern und Geschwistern geborgen sein, und gib
ihnen Sicherheit auf den Wegen ihres Lebens. Amen.

Taufwasserweihe

KatechetIn:
Wasser ist das wichtigste Zeichen der Taufe. Es wird jetzt geweiht,
und die beiden Kinder werden mit dem geweihten Wasser getauft.
Wasser ist für unser Leben notwendig. Wir waschen mit Wasser allen
Schmutz ab, und wir stillen damit unseren Durst. Ohne Wasser könnten wir nicht leben. Und genau das bedeutet auch das Taufwasser
bei der Taufe: Ohne Gott und ohne den Glauben an Jesus Christus
können wir nicht gut leben.

Taufspender:
Guter Gott,
du schenkst uns im Wasser der Taufe neues Leben. Denn es ist ein
Zeichen dafür, daß wir zu dir gehören und daß du uns als deine Freunde annimmst. Segne dieses Wasser als Zeichen deines Bundes. Amen.

Absage

Liebe Eltern und Paten!
Gott liebt Ihre Kinder. Die Taufe ist sichtbares Zeichen für dieses
Versprechen Gottes.
Gott will Ihre Kinder auf ihrem Lebensweg begleiten.
Und er will, daß Ihre Kinder von diesem Segen erfahren.
Deshalb sollen Sie Ihr Kind im Glauben erziehen.
Sie sind bereit, diese Aufgabe zu übernehmen.
Sagen Sie deswegen im Gedenken an Ihre eigene Taufe dem Bösen
ab, und bekennen Sie zusammen mit der ganzen Gemeinde Ihren
Glauben an Jesus Christus, auf den Ihre Kinder nun getauft werden
sollen.

Glaubensbekenntnis: *Alle* sprechen das Apostolische Glaubensbekenntnis.

Taufakt
Taufspender:
Sie und wir alle haben unseren Glauben bekannt. In diesem Glauben empfangen N. und N. nun die Taufe.
KatechetIn:
Jetzt werden N. und N. getauft. Dreimal wird Wasser über ihr Köpfchen gegossen als Zeichen dafür, wie lebendig Wasser sein kann und wie lebendig der Glaube machen kann.
Taufspender:
N., ich taufe dich im Namen des Vaters und des Sohnes und des Heiligen Geistes.

Salbung mit Chrisam
KatechetIn:
Jetzt werden N. und N. mit Chrisam gesalbt, einem geweihten Öl. Es ist Zeichen dafür, daß sie zu Christus gehören. Denn die ersten Christen erkannten in Jesus den Messias, den Heilbringer Gottes. Messias aber heißt der Gesalbte, genauso wie Christus. Und weil wir zu Christus gehören, deswegen werden wir auch gesalbt.

Taufspender:
Der gute Gott hat dir in der Taufe neues Leben geschenkt, ein Leben, in dem Gott dich begleiten will. Deshalb wirst du nun mit Chrisam gesalbt, denn du gehörst zur Gemeinschaft aller Christen und zu Gott, unserem Vater. Amen.

Überreichen des weißen Kleides
KatechetIn:
Den Täuflingen wird nun das weiße Taufkleid angezogen. Es ist auch ein Zeichen dafür, daß die Getauften jetzt zu Jesus gehören.

Taufspender:
N. und N., das weiße Kleid soll euch ein Zeichen sein, daß ihr in der Taufe neu geschaffen worden seid und – wie die Schrift sagt – Chri-

stus angezogen habt. Bewahrt diese Würde für euer ganzes Leben. Amen.

Übergabe der Taufkerze

KatechetIn:
Die Väter entzünden nun die Taufkerzen der beiden Kinder an der Osterkerze, an dem Zeichen für den auferstandenen Christus. Christus, das Licht der Welt, soll auch das Leben der Täuflinge hell machen. Er soll ihnen Licht auf ihrem Lebensweg sein. Die Taufkerze kann im Laufe ihres Lebens immer wieder hervorgeholt werden, vielleicht brennt sie am Geburtstag oder am Namenstag. Einige von euch haben auch ihre Taufkerze als Kommunionkerze genommen. Denn das, was mit der Taufe beginnt, führt weiter über Erstkommunion und Firmung und wird das ganze Leben weiterwirken.

Taufspender:
Empfange das Licht Christi.

Effata-Ritus

KatechetIn:
Der Pfarrer berührt nun Ohren und Mund der beiden Kinder. So ähnlich hat es Jesus getan, als er den Mann heilte, der taub und stumm war. Das soll ein Zeichen sein, daß durch die Taufe die Ohren der Kinder geöffnet werden, um Gottes frohe Botschaft zu hören. Und der Mund soll sich öffnen, um den Glauben zu bekennen und Gott zu loben.

Taufspender:
Guter Gott, wir bitten dich, öffne in der Taufe N. und N. Mund und Ohren. So werden sie dein Wort hören und ihre Mitmenschen verstehen können. Sie werden reden können über alles, was sie bewegt, und dich bekennen. Amen.

KatechetIn:
Damit sind die beiden Kinder nun getauft.
Und die Feier unseres Gottesdienstes geht nun weiter mit ihnen. Die Gaben werden herbeigebracht für die große Danksagung, für die Feier der Eucharistie.

Lied zur Gabenbereitung: Nimm, o Herr, die Gaben, die wir bringen (Tr, Nr. 156)

Sanctus: Heilig ist Gott in Herrlichkeit (GL, Nr. 469)

Lied zum Friedensgruß: Hewenu shalom... (Tr, Nr. 54)

Lied zur Kommunion: Orgel

Danklied: Wir sind die Kleinen in der Gemeinde (in: Mein Liederbuch für heute und morgen, Nr. C 4, Schola)

Gebet
Guter Gott,
du bist ein Gott des Lebens. Du willst uns das Leben in Fülle schenken. Stärke die beiden getauften Kinder, ihre Eltern und uns alle, damit wir diesem Leben in Fülle auf der Spur bleiben, damit wir es suchen bei dir. Amen.

Segen

Schlußlied: Nun danket alle Gott (GL, Nr. 266)

Taufe (Alternative)
Das wünsch' ich sehr

Vor dem Gottesdienst werden 12 „Trauben" aus Tonpapier ausgeteilt, auf denen ausgewählte Gemeindemitglieder den folgenden Text mit eigenen Worten ergänzen: „Diese Botschaft Jesu ist für ein gutes Leben wichtig: ..." Die 12 Trauben-Texte werden später im Gottesdienst vorgelesen, an zwei Weinstöcke gehängt und den beiden Täuflingen mitgegeben.

Eingangslied: Nun lobet Gott im hohen Thron (GL, Nr. 265)

Begrüßung: Zusätzliche Begrüßung der Familie N. und Vorstellung der beiden Kinder.

Kyrie: „Herr, erbarme dich … unserer Zeit" (Tr, Nr. 197)

(Tages-)Gebet
Guter Gott, wir danken dir für diesen neuen Morgen. Wir danken dir
für alles Gute, das uns heute morgen schon begegnet ist: ein liebevoll gedeckter Tisch, ein gutes Frühstück, eine liebe Geste, ein freund-
liches Wort. Und wir bitten dich: Nimm alles von uns weg, was uns
bedrückt, damit wir jetzt mit einem ruhigen und frohen Herzen Gottesdienst feiern können, zusammen mit N. und N., die wir heute auf
deinen Namen taufen wollen. Amen.

Gloria: Jubilate Deo (Kanon, s. Anhang, Nr. 12)

Evangelium Mt 28, 16–20 (Der Auftrag des Auferstandenen):
Die elf Jünger gingen nach Galiläa auf den Berg, den Jesus ihnen
genannt hatte. Und als sie Jesus sahen, fielen sie vor ihm nieder.
Einige aber hatten Zweifel. Da trat Jesus auf sie zu und sagte zu
ihnen: Mir ist alle Macht gegeben im Himmel und auf der Erde. Darum geht zu allen Völkern, und macht alle Menschen zu meinen Jüngern; tauft sie auf den Namen des Vaters und des Sohnes und des
Heiligen Geistes, und lehrt sie, alles zu befolgen, was ich euch geboten habe. Seid gewiß: Ich bin bei euch alle Tage bis zum Ende der
Welt.

Katechese
Heute sind zwei Kinder eigens hierhergekommen, damit das wirk-
lich wird, was Jesus gesagt hat. N. und N. wollen sich taufen lassen;
Frau und Herr N. wollen, daß ihre Kinder getauft werden. So hat es
Jesus gesagt; so haben wir es eben gehört.
Noch etwas hat Jesus gesagt; noch etwas haben wir gehört: Jesus
hat gesagt: Lehrt sie, alles zu befolgen, was ich euch geboten habe.
Das klingt so, wie wenn Mama oder Papa sagen *(Katechet mit erho-
benem Zeigefinger)*: Mach das ja ordentlich! So hat Jesus das aber
sicher nicht gemeint. Er will damit sagen: Merkt euch alles, was ich
euch gesagt habe! Behaltet alles in eurem Gedächtnis! Denkt an das,
was ich gesagt habe! Dann wird euer Leben gut werden!
Und das haben einige von uns aufgeschrieben. Vor dem Gottesdienst
haben wir Zettel ausgeteilt und gesagt: Schreibt auf, was Jesus den

Menschen gesagt hat! Schreibt all das von Jesus auf, was das Leben gut und hell machen kann. Und das werden wir uns jetzt anhören. Und das wollen wir N. und N. mit auf ihren Lebensweg geben. Darum werden die Zettel an diese beiden Weinstöcke gehängt, damit die beiden sie mitnehmen und immer mal wieder darauf schauen können, wenn sie etwas größer sind. Und jedesmal, wenn drei Leute ihre Worte von Jesus vorgelesen haben, dann singen wir zusammen das Lied: „Das wünsch ich sehr".

Vorlesen und Lied im Wechsel: Das wünsch ich sehr (s. Anhang, Nr. 5)

Erbitten der Taufe
Einer der Eltern:
Wir haben unsere Kinder hierhergebracht, weil wir sie taufen lassen wollen. Sie sollen zu Gott gehören. Und sie sollen auch zu dieser Gemeinde gehören, zusammen mit den vielen Kindern, die hier zur Kirche kommen. Deswegen wollen wir N. und N. taufen lassen. Deshalb bitten wir unseren Pfarrer/Diakon ..., unsere Kinder zu taufen. Deshalb bitten wir die ganze Gemeinde, unsere Kinder in diese Gemeinde aufzunehmen.

Die Taufe geht nun in gleicher Weise weiter wie im vorherigen Beispiel. Der/die KatechetIn übernimmt die Rolle des Kommentators, der die einzelnen Symbole der Taufe benennt und kurz deutet.

Nimm alles von uns, guter Gott, was verknotet ist – Ein Bußgottesdienst

Vor Beginn des Gottesdienstes werden an den Eingängen kleine Schnüre an die TeilnehmerInnen des Bußgottesdienstes ausgeteilt. Sie werden nachher in die Katechese mit einbezogen.

Eingangslied: Ich steh vor dir mit leeren Händen, Herr (GL, Nr. 621)

(Tages-)Gebet

Guter Gott, niemand von uns ist ohne Schuld. Jeder Mensch macht manche Dinge falsch, tut manchmal etwas Böses, unterläßt das Gute. Wir sind hierhergekommen, um dich um Vergebung für alles Böse und Unterlassene zu bitten. Schenke du uns ein reines Herz. Sprich du das Wort, das von aller Schuld befreit, und schenke uns deinen Frieden. Amen.

Katechese

Der/die KatechetIn zeigt eine „Knotenschnur" und erklärt: Die Knotenschnur ist ein altes Zeichen von Indianern. Bevor die Indianer vom Stamm der Huicholos ihren Göttern opfern durften, mußten sie erst ihre Schuld loswerden, alles loswerden, was sie falsch gemacht hatten in den letzten Tagen und Wochen. Dazu erhielt jeder ein Stückchen Schnur, so wie es heute alle am Eingang der Kirche erhalten haben. Dann mußten sie sich überlegen: Was habe ich denn alles falsch gemacht? Und für alles, was nicht gut gewesen war, haben sie einen Knoten in die Schnur gemacht. Für alles Böse – einen Knoten. Für alles Gute, das man nicht getan hatte – einen Knoten. Dann sind sie in ihre Kirche, ihren Tempel gegangen und haben zu ihrem Gott ein kurzes Gebet gesprochen, vielleicht so: Guter Gott, manches habe ich falsch gemacht. Verzeih mir. Manches hätte ich besser machen können. Verzeih mir. Du siehst es an der Zahl der Knoten, was mir alles eingefallen ist. Nimm alle Schuld und Sünde von mir weg, alles was mich von dir trennt. Und dann – nach dem Gebet – haben sie die Knotenschnur ins Feuer geworfen, das neben dem Altar in einer Schale brannte. Da ist die Schnur verbrannt. Und das war für die Indianer ein Zeichen: So wie meine Schnur mit den Knoten hier verbrennt, so nimmt Gott alle Schuld von mir; er vergibt mir alles.
(Nach einem Vorschlag in: Hans Freudenberg (Hg.), Religionsunterricht praktisch. 3. Schuljahr, Göttingen 1991, 141)
Und das wollen wir jetzt auch so ähnlich machen. Herr und Frau N. stehen da drüben am Mikrophon. Sie werden immer wieder einen Bereich nennen, in dem wir manchmal etwas falsch machen. Dann wird jedesmal ein klein wenig Stille sein: Da kann sich jeder überlegen, jeder für sich: Wo hab ich da etwas falsch gemacht? Oder wo habe ich da etwas Gutes nicht gemacht? Dann können wir für jeden dieser Bereiche einen Knoten in unsere Schnur machen – einen Kno-

ten und nicht mehr. Es soll ja niemand zeigen müssen, wie viele Knoten er in seiner Schnur hat. Da könnte ja jemand denken: Schau einmal, da hat einer so viele Knoten in seiner Schnur; das muß ein ganz schöner Schuft sein. Wichtig ist nicht, wie viele Knoten jemand in seine Schnur macht. Wichtig ist vielmehr, daß wir uns hier im Bußgottesdienst unserer Schuld bewußt werden, sie vor Gott bringen und ihn um sein Erbarmen bitten. Er wird alle Schuld von uns wegnehmen und uns alles Böse verzeihen. Nun wollen wir Gott in einem Liedruf um Vergebung bitten.

1. SprecherIn:
- Wie steht das denn mit mir und meinem Gott: Denke ich ab und zu an ihn? Zu Hause? In der Kirche? Bete ich noch? Bete ich genug? Höre ich auf sein Wort? Lese ich ab und zu mal in der Bibel? *(kurze Stille)*
- *KatechetIn:* Laßt uns alle einen Knoten machen für all das, was wir hier falsch gemacht haben oder wo wir Gutes nicht getan haben.
- *Liedruf:* Herr, erbarme dich (Tr, Nr. 165, 1. Zeile), oder: Mein Gott, das muß anders werden (in: Mein Liederbuch für heute und morgen, Nr. B 81)

2. SprecherIn:
- Wie ist das denn mit mir und meiner Familie: Trage ich meinen Teil dazu bei, daß alles gut läuft? Übernehme ich einen fairen Teil der vielen Arbeit? Helfe ich, Streit zu vermeiden? Laß ich mir ab und zu mal etwas einfallen, was den anderen eine Freude machen könnte? *(kurze Stille)*
- *KatechetIn:* Laßt uns alle einen Knoten machen für all das, was wir hier falsch gemacht haben oder wo wir Gutes nicht getan haben.
- *Liedruf:* Herr, erbarme dich, oder: Mein Gott, das muß anders werden

1. SprecherIn:
- Wie ist das denn mit mir und den anderen Menschen: Bin ich nicht zu oft egoistisch? Denke ich nicht zu oft nur an mich? Sind mir die anderen nicht zu oft völlig egal? Habe ich in der letzten Zeit für irgend jemanden irgend etwas Gutes getan? Habe ich irgend jemandem etwas weggenommen, gestohlen? Habe ich jemanden angelogen? Habe ich über jemanden schlecht geredet? *(kurze Stille)*

- *KatechetIn:* Laßt uns alle einen Knoten machen für all das, was wir hier falsch gemacht haben oder wo wir Gutes nicht getan haben.
- *Liedruf:* Herr, erbarme dich, oder: Mein Gott, das muß anders werden

2. *SprecherIn:*
- Wie ist das mit mir und der Schule oder meinem Arbeitsplatz: Sehe ich einen Sinn, in dem, was ich tue? Oder ist mir alles nur eine sinnlose Last? Arbeite oder lerne ich genug? Oder könnte ich manchmal mehr tun? Arbeite ich manchmal zu viel – auf Kosten anderer oder meiner Gesundheit? *(kurze Stille)*
- *KatechetIn:* Laßt uns alle einen Knoten machen für all das, was wir hier falsch gemacht haben oder wo wir Gutes nicht getan haben.
- *Liedruf:* Herr, erbarme dich, oder: Mein Gott, das muß anders werden

KatechetIn:
Ja, Gott ist jemand, der unsere Schuld von uns nimmt. Jesus selbst hat uns von Gott erzählt. Er hat es in einem wunderschönen Bild erzählt, in einem Gleichnis. Er hat erzählt: Gott ist wie ein barmherziger Vater, der alle Schuld vergibt, wenn wir zu ihm kommen. Hören wir dieses Gleichnis.

Lesung Lk 15, 11–24 (ohne die Erzählung vom zweiten Sohn):
Weiter sagte Jesus: Ein Mann hatte zwei Söhne. Der jüngere von ihnen sagte zu seinem Vater: Vater, gib mir das Erbteil, das mir zusteht. Da teilte der Vater das Vermögen auf. Nach wenigen Tagen packte der jüngere Sohn alles zusammen und zog in ein fernes Land. Dort führte er ein zügelloses Leben und verschleuderte sein Vermögen. Als er alles durchgebracht hatte, kam eine große Hungersnot über das Land, und es ging ihm sehr schlecht. Da ging er zu einem Bürger des Landes und drängte sich ihm auf; der schickte ihn aufs Feld zum Schweinehüten. Er hätte gern seinen Hunger mit den Futterschoten gestillt, die die Schweine fraßen; aber niemand gab ihm davon. Da ging er in sich und sagte: Wie viele Tagelöhner meines Vaters haben mehr als genug zu essen, und ich komme hier vor Hunger um. Ich will aufbrechen und zu meinem Vater gehen und zu ihm sagen: Vater, ich habe mich gegen den Himmel und gegen dich versündigt. Ich bin nicht mehr wert, dein Sohn zu sein; mach mich zu

einem deiner Tagelöhner. Dann brach er auf und ging zu seinem Vater. Der Vater sah ihn schon von weitem kommen, und er hatte Mitleid mit ihm. Er lief dem Sohn entgegen, fiel ihm um den Hals und küßte ihn. Da sagte der Sohn: Vater, ich habe mich gegen den Himmel und gegen dich versündigt; ich bin nicht mehr wert, dein Sohn zu sein. Der Vater aber sagte zu seinen Knechten: Holt schnell das beste Gewand, und zieht es ihm an, steckt ihm einen Ring an die Hand, und zieht ihm Schuhe an. Bringt das Mastkalb her, und schlachtet es; wir wollen essen und fröhlich sein. Denn mein Sohn war tot und lebt wieder, er war verloren und ist wiedergefunden worden. Und sie begannen, ein fröhliches Fest zu feiern.

Verbrennen der Schnüre
KatechetIn:
Jetzt laßt uns im Zeichen der Schnüre unsere Schuld vor Gott tragen und ihn um Vergebung bitten. Wir haben hier vorne eine Schale aufgestellt, in der brennt ein kleines Feuer. Wie die Indianer könnt ihr Kinder, können Sie Erwachsene die Schnüre ins Feuer werfen. So wie sie dort verbrennen, so wie die Schnüre dort verschwinden, so wird auch unser Gott unsere Schuld von uns nehmen.
Wir machen das wie bei der Kommunion: Wir gehen in zwei Reihen vor bis zu der Schale. Gebt vor allem ihr Kinder bei dem Feuer acht, daß nichts passiert. N. und N. stehen zwar dabei und passen auf, aber ihr müßt sehr vorsichtig sein, damit sich niemand verbrennt.
Wer die Schnur ins Feuer wirft, kann ja still für sich ein kurzes Gebet sprechen. Oder jemand kann still für sich sagen: Herr, verzeih mir meine Schuld, oder: Guter Gott, nimm alle Schuld von mir.
Die Schola wird dazu zwei (drei) Lieder singen, die die meisten von uns kennen. Auch das ist eine Bitte um Vergebung.

Lied: Da berühren sich Himmel und Erde (s. Anhang, Nr. 4)
Meine engen Grenzen (s. Anhang, Nr. 14)
(ggf. weiteres Lied, wenn dieser Teil sehr lange dauert:) Misericordias Domini (in: Cantate, Nr. 17)

Gebet um Vergebung und Dank
Ja, Herr, barmherziger Vater. Im Vertrauen auf dich, den barmherzigen, verzeihenden Gott, haben wir unsere Schuld in den Schnüren

vor dich gebracht. So mache uns frei von aller Schuld. Nimm alles von uns weg, was uns von dir und untereinander trennt. Dafür danken wir dir. Denn nun können wir frohen Herzens nach Hause gehen als neue Menschen und mit deiner Gnade. Amen.

Vaterunser
So laßt uns mit reinem Herzen das Gebet sprechen, das Jesus selbst uns gelehrt hat (Doxologie sofort angeschlossen)

Segen

Schlußlied: Hilf, Herr, meines Lebens (GL, Nr. 622)

Hinweise:
Die Bibelstellen: Lk 2,1–7; Lk 2,1–20; Mt 28,1–8; Mt 28,16–20; Ps 150, Hos 11,1–4; Jes 66,13; Ex 3,1–14; Ps 62,6f.9; Mt 11,28; 1 Joh 4,7.16b.19–21; Ex 20,9; 2 Kor 13,11; Sir 43,1.11; Koh 3,1f; Sir 14,14; Ps 23; Mt 10,13–16; Lk 15,11–24 sind der Einheitsübersetzung der Heiligen Schrift. © 1980 Katholische Bibelanstalt, Stuttgart, entnommen.

ANHANG

Lieder

1. Alle eure Sorge

Text: Bibel
Musik: Christoph Lehmann
Aus: Mein Liederbuch, Band 1, 1981
Alle Rechte im tvd-Verlag, Düsseldorf

2. Alles muß klein beginnen

Refrain

Al – les muß klein be – gin – nen.   Laß et – was Zeit ver –

rin – nen.   Es muß nur Kraft ge – win – nen,

und end – lich ist es groß.

Text und Musik: Gerhard Schöne
Rechte beim Autor

3. Brich auf (Steh auf)
Kanon

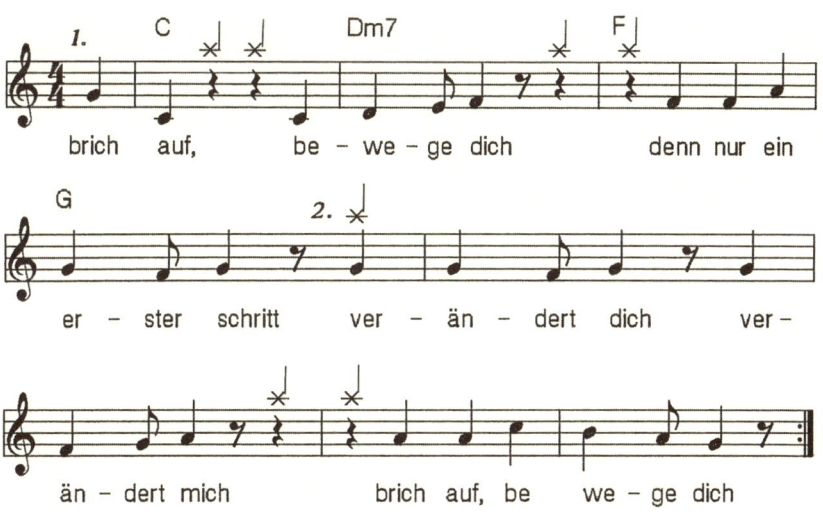

brich   auf,   be – we – ge dich   denn nur ein

er – ster schritt   ver – än – dert dich   ver –

än – dert mich   brich auf, be   we – ge dich

Anmerkung – Bei ✶ wird geklatscht oder geschnipst oder geklopft
oder gestampft oder . . .

– Schluß ist bei "brich auf" auf C–dur am Anfang des
Kanons

Text: Thomas Laubach
Musik: Thomas Quast
Aus: Ruhama – Liederbuch, 1994
Alle Rechte im tvd-Verlag, Düsseldorf

4. Da berühren sich Himmel und Erde

Er - de, daß Frie - den wer - de un - ter uns.

2. Wo Menschen sich verschenken, die Liebe bedenken, und neu beginnen, ganz neu, da berühren sich Himmel und Erde ...

3. Wo Menschen sich verbünden, den Haß überwinden, und neu beginnen, ganz neu, da berühren sich Himmel und Erde ...

Text: Thomas Laubach
Musik: Christoph Lehmann
Aus: Gib der Hoffnung ein Gesicht, 1989
Alle Rechte im tvd-Verlag, Düsseldorf

5. Das wünsch ich sehr

Kanon

Das wünsch ich sehr, daß

im – mer ei – ner bei mir wär,

der lacht und spricht:

„Fürch – te dich nicht".

Text: Kurt Rose
Musik: Detlev Jöcker
Aus: Buch, CD und MC „Viele kleine Leute"
Rechte: Menschenkinder Verlag, 48157 Münster

6. Du bist der ICH-BIN-DA (Kanon)

Du bist Va – ter und Mut – ter, Schwes – ter und

Bru – der. Du bist der ICH BIN DA.

2. Du bist gestern und morgen,
   nah und verborgen.
   Du bist der ICH-BIN-DA.

3. Du bist laut und ganz leise,
   Hunger und Speise.
   Du bist der ICH-BIN-DA.

4. Du bist Arche und Steuer,
   Wasser und Feuer.
   Du bist der ICH-BIN-DA.

5. Du bist Sehnsucht und Friede,
   Treue und Liebe.
   Du bist der ICH-BIN-DA.

6. Laßt uns loben und preisen,
   Ihm Ehre erweisen.
   Hal-le-lu-ja.

7. Hallelu – halleluja
   halle – halleluja
   Hal-le-lu-ja.

Text: Rolf Krenzer
Musik: Ludger Edelkötter
Aus: Weil du mich so magst (IMP 1036)
Alle Rechte Impulse Musikverlag Ludger Edelkötter, 48317 Drensteinfurt

7. Du hast uns deine Welt geschenkt

2. Du hast uns deine Welt
geschenkt:
die Länder – die Meere.
Du hast uns deine Welt
geschenkt:
Herr, wir danken dir.

3. Du hast uns deine Welt
geschenkt:
die Sonne und die Sterne.
Du hast uns deine Welt
geschenkt:
Herr, wir danken dir.

4. Du hast uns deine Welt
geschenkt:
die Blumen – die Bäume.
Du hast uns deine Welt
geschenkt:
Herr, wir danken dir.

5. Du hast uns deine Welt
geschenkt:
die Berge – die Täler.
Du hast uns deine Welt
geschenkt:
Herr, wir danken dir.

6. Du hast uns deine Welt
geschenkt:
die Vögel – die Fische.
Du hast uns deine Welt
geschenkt:
Herr, wir danken dir.

7. Du hast und deine Welt
geschenkt:
die Tiere – die Menschen.
Du hast uns deine Welt
geschenkt:
Herr, wir danken dir.

8. Du hast uns deine Welt
geschenkt:
Du gabst mir das Leben.
Du hast mich in die Welt
gestellt.
Herr, wir danken dir.

9. Du hast uns deine Welt
geschenkt:
Du gabst uns das Leben.
Du hast uns in die Welt
gestellt.
Herr, wir danken dir.

Text: Rolf Krenzer
Musik: Detlev Jöcker
Aus: Buch, CD und MC „Viele kleine Leute"
Rechte: Menschenkinder Verlag, 48157 Münster

8. Ein Licht leuchtet auf in der Dunkelheit
Kanon

Ein   Licht   leuch - tet   auf   in   der   Dun - kel - heit,   sein

Schein   dringt   zu   uns   in   uns - re   Zeit,   be -

zwingt   Angst   und   Leid   und   be - freit.

Text: Rolf Kronzer
Musik: Ludger Edelkötter
Aus: Kinderlieder – Krippenspiele (IMP 1027)
Alle Rechte Impulse Musikverlag Ludger Edelkötter, 48317 Drensteinfurt

9. Halte zu mir, guter Gott

Hal – te zu mir, gu – ter Gott, heut' den gan – zen Tag.

Halt' die Hän – de ü – ber mich, was auch kom – men mag. Hal – te

zu mir, gu – ter Gott, heut' den gan – zen Tag, Halt' die

Hän – de ü – ber mich, was auch kom – men mag.

2. Du bist jederzeit bei mir.
   Wo ich geh' und steh',
   spür' ich, wenn ich leise bin,
   dich in meiner Näh'.
   Halte zu mir, guter Gott,
   heut' den ganzen Tag.
   Halt' die Hände über mich,
   was auch kommen mag.

4. Meine Freude, meinen Dank
   alles sag' ich dir.
   Du hältst zu mir, guter Gott.
   spür' ich tief in mir.

3. Gibt es Ärger oder Streit
   und noch mehr Verdruß,
   weiß ich doch, du bist nicht weit,
   wenn ich weinen muß.
   Halte zu mir, guter Gott,
   heut' den ganzen Tag.
   Halt' die Hände über mich,
   was auch kommen mag.

   Halte zu mir, guter Gott,
   heut' den ganzen Tag.
   Halt' die Hände über mich,
   was auch kommen mag.

Text: Rolf Krenzer
Musik: Ludger Edelkötter
Aus: Halte zu mir guter Gott (IMP 1021); Weil du mich so magst (IMP 1036); Wir sind
Kinder dieser Welt (IMP 1045)
Alle Rechte Impulse Musikverlag Ludger Edelkötter, 48317 Drensteinfurt

10. Hirten, wacht vom Schlafe auf

C   a   e   a   d

1. Hir - ten, wacht vom Schla - fe auf: Chri - stus ist ge -

G C   C   a   D G a   d

bo - ren! Laßt den Scha - fen ih - ren Lauf! Öff - net eu - re

G C   C   G   d   E   a   C

Oh - ren! Hört ihr denn das Lob - lied nicht: Gott ver - gißt die

G   C

Men - schen nicht. Laßt die Her - de stehn, geht nach Bet - le - hem!

a   e   a   d G C

Denn der Ret - ter für uns al - le liegt dort in dem Stal - le.

2. Weise, wacht vom Schlafe auf:
   Christus ist geboren.
   Seht, sein Stern beginnt den Lauf,
   lockt euch aus den Toren.
   Zieht nun in das ferne Land,
   mit Geschenken in der Hand.
   In den Sternen steht,
   wie die Reise geht.
   Denn der Retter für uns alle
   liegt in einem Stalle.

3. Menschen, steht vom Schlafe auf:
   Christus ist geboren.
   Boten bringen uns darauf:
   Niemand ist verloren.
   Denn der Friede unsres Herrn
   gilt den Menschen nah und fern.
   Bleibt nicht zögernd stehn,
   geht nach Bethlehem.
   Denn der Retter für uns alle
   liegt dort in dem Stalle.

Buch: Alles wordt Niew
Musik: Wim ter Burg
Text: Hanna Lam; Textübertragung: Diethard Zils
Rechte beim Verlag G.F. Callenbach, Baarn, Holland

11. Jesus lebt

Refrain

Je-sus lebt, Je-sus lebt, al - le Men-schen sol-len

wis sen: Je-sus lebt. Je-sus lebt, Je-sus lebt, al - le

Men-schen sollen wis-sen: Je-sus lebt. 1. Und wir

wer-den auf-er - stehn, und wir wer-den auf-er - stehn, und wir

wer-den auf - er- stehn wie er, Hal-le - lu - ja Brü-der;

wenn die Zeit zu En-de ist, wird er-schei-nen Je-sus Christ,

und wir wer-den auf - er-stehn wie er.

2. Und er möchte bei uns sein, und er möchte bei uns
sein, und er möchte bei uns sein schon hier, Halleluja Brüder; ruft es in die Welt hinein, niemand
braucht allein zu sein, Jesus möchte bei uns sein
schon hier. –

3. Und er will ein Helfer sein, und er will ein Helfer sein, und er will ein Helfer sein bei dir, Hal-
leja Brüder; alle Fragen, die du hast, was dir
schwer zu schaffen macht, Jesus will ein Helfer
sein bei dir. –

Text: Thomas Reinhard
Melodie: Spiritual
Aus: Songs junger Christen
© Hänssler-Verlag, Neuhausen-Stuttgart

12. Jubilate Deo

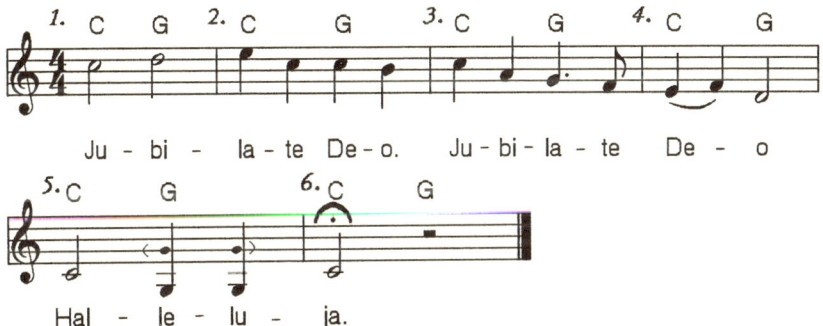

Den Kanon stimmenweise ausklingen lassen.
Musik: Michael Praetorius, 1571–1621
Übersetzung aus dem Lateinischen: Jubelt über Gott. Halleluja.

13. Komm, Herr, segne uns

Komm, Herr,   seg-ne uns   daß wir uns nicht tren-nen,
son - dern   ü - ber-all   uns zu dir be - ken-nen.

Nie sind wir al - lein,   stets sind wir die Dei - nen.

La-chen o - der Wei - nen   wird ge-seg-net sein.

2. Keiner kann allein Segen sich bewahren, weil du reichlich gibst,
   müssen wir nicht sparen. Segen kann gedeihn, wo wir alles teilen,
   schlimmen Schaden heilen, lieben und verzeihn.

3. Frieden gabst du schon, Frieden muß noch werden, wie du ihn
   versprichst uns zum Wohl auf Erden. Hilf, daß wir ihn tun, wo wir
   ihn erspähen! Die mit Tränen säen, werden in ihm ruhn.

4. wie 1.

Text und Musik: Dieter Trautwein
© Strube Verlag München-Berlin

14. Meine engen Grenzen

1. Mei - ne   en - gen   Gren - zen,   mei - ne   kur - ze   Sicht

brin - ge ich   vor   dich.   Wand - le   sie   in   Wei - te,

Herr,   er - bar - me   dich.

2. Meine ganze Ohnmacht, was mich beugt und lähmt,
   bringe ich vor dich. Wandle sie in Stärke; Herr, erbarme dich.

3. Mein verlornes Zutraun, meine Ängstlichkeit
   bringe ich vor dich. Wandle sie in Wärme; Herr, erbarme dich.

4. Meine tiefe Sehnsucht nach Geborgenheit
   bringe ich vor dich. Wandle sie in Heimat; Herr, erbarme dich.

Text: Eugen Eckert
Musik: Winfried Heurich
Aus: CD Lieder der Hoffnung und des Glaubens, SV 9983
© Lahn-Verlag, Limburg

15. Mitten in der Nacht

Mit - ten in der Nacht ist ein Stern er -

wacht, kün-det al-len, nah und fern, die Ge-burt des Herrn.

Text: Rolf Krenzer
Musik: Ludger Edelkötter
Aus: Kinderlieder Krippenspiele (IMP 1027)
Alle Rechte Impulse Musikverlag Ludger Edelkötter, 48317 Drensteinfurt

16. Regenbogenkanon

1. Frie-dens - zei - chen, Re - gen - bo - gen.
2. Gott hat al - le Men-schen hin - ein ver - wo - ben.
3. Er- de und Him-mel, Him-mel und Er - de bin - det dies Band.
4. Knüpf' es wei - ter, im - mer wei - ter, von Hand zu Hand, Men-schen-hand.

Text und Musik: Bernward Hoffmann

17. Santo

Text: J. Fernandez
Musik: J. Fernandez traditional

18. Zumba zumba

Zum ba   zumba, welch ein   Sin-gen! Zum-ba   zumba, Weih-nachts

zeit, zumba   zumba, welch ein   Klin-gen, welche   Freu-de weit und

breit!   1. Heut ist der   Hei-land ge – bo-ren,
Er   hat zum   Heil uns er – ko-ren,

Trö– ster und   Ret –ter der Welt.
e - wig er   Treu– e   uns   hält.

2. Jeder will ihm etwas bringen, ich aber hab nicht viel Geld. Ich
kann dem Kindlein nur singen, hoffen, daß ihm es gefällt.
Zumba, zumba …

3. Daß sich das Kindlein erfreute, spielten die Hirten ihm vor. Singt
nun mit mir, liebe Leute, singt mit den Hirten im Chor.
Zumba, zumba …

Deutscher Text: Lieselotte Holzmeister
Melodie aus Spanien
Von der Fidula-Cassette 28 „Nikolaus und Weihnacht"
Fidula-Verlag Boppard/Rhein und Salzburg

Liederbücher

Cantate. Vom Leben singen mit Leidenschaft, Hg.: Abteilung Jugend-
seelsorge und Jugendarbeit des Erzbischöflichen Ordinariates Bam-
berg, Nürnberg: Cantabo-Verlag 2. Aufl. 1994

Das große Liederbuch von Rolf Krenzer. 135 religiöse Lieder für Kindergarten, Schule und Gottesdienst, Limburg: Lahn-Verlag 1988

Gotteslob. Katholisches Gebet- und Gesangbuch für das Bistum
Mainz, Mainz: Matthias-Grünewald-Verlag 1975

Mein Kanonbuch, Hg.: Bernward Hoffmann, Christoph Lehmann in
Zusammenarbeit mit dem Deutschen Katecheten-Verein, Düsseldorf: tvd-Verlag, 2. Aufl. 1987

Mein Liederbuch für heute und morgen, Hg.: Arbeitskreis für kultu-
relle Bildung und Medienarbeit der Jugendkammer der Evangelischen Kirche im Rheinland und Pädagogisch-Theologisches Insti-
tut der Evangelischen Kirche im Rheinland, Düsseldorf: tvd-Verlag o.J.

Mein Liederbuch 2. Oekumene heute, Hg.: Eckart Bücken u. a., Düsseldorf: tvd-Verlag 1992

Ruhama. Liederbuch, Hg.: Thomas Laubach/Thomas Quast, Düsseldorf 1994

Troubadour für Gott, Hg.: Kolping-Bildungswerk, Diözesanverband
Würzburg, Würzburg: Echter-Verlag 2. Aufl. 1991

Weil du mich so magst. Religiöse Kinderlieder, ausgewählt von Gerhard Krombusch und Ludger Edelkötter, Drensteinfurt: impulse-
Musikverlag 2. Aufl. 1989

Weil du uns gerufen hast. Lieder der Frohbotschaft, Hg.: Münchener
Provinz der Redemptoristen, Kirchplatz 65, Gars am Inn 4. Aufl. 1981

Mit Kindern den Glauben feiern

Um kleinen Kindern Freude am Gottesdienst zu vermitteln, müssen sie in einer kindgemäßen Sprache zu Liturgie und Glauben geführt werden.

M. Burkard / D. Knoblauch (Hg.)
Jetzt kommen wir!
25 Krabbelgottesdienste –
mit Liedanhang. 136 S. Kt.
ISBN 3-7867-1934-9

Klaus Dorn / Anne Höltermann
Wir feiern mit
Gottesdienst für Kinder und Eltern
168 Seiten. Kartoniert
ISBN 3-7867-2077-0

Dieses Buch enthält 25 Gottesdienste für Kinder bis zu 6 Jahren. Die Modelle sind mit geringem Aufwand vorzubereiten. Sämtliche verwendeten Lieder sind mit Noten im Anhang abgedruckt.

Die 30 Modelle bieten jede Menge Anregungen und helfen bei der Vorbereitung sowohl von Familiengottesdiensten als auch bei Wortgottesdiensten für Kinder zwischen 5 und 9 Jahren.

Matthias-Grünewald-Verlag
Postfach 30 80 · 55020 Mainz

Jetzt auch im Internet:
http://www.gruenewaldverlag.de

Spiele zum Kirchenjahr

Hermann Multhaupt
Als Kleopas nach Emmaus ging
Biblische Spiele zum Kirchenjahr für
Gottesdienst, Schule und Gruppe
144 Seiten. Kartoniert
ISBN 3-7867-2048-7

Immer wieder werden kreative Elemente gesucht, um Gottesdienst, Unterricht oder Gruppenarbeit zu einem erfahrbaren Erlebnis zu machen. Die Bibel ist voll von Geschichten, die geradezu auffordern, sie in Spielszenen lebendig werden zu lassen. Die hier vorgestellten Spiele orientieren sich an den Zeiten und Festen des Kirchenjahres sowie an den entsprechenden biblischen Texten. Sie kommen ohne aufwendige Requisiten aus, und es bleibt genügend Raum für die Phantasie der Spielenden, eigene Ideen und Vorstellungen zu entwickeln.

Vom gleichen Autor erschienen:

Zachäus, komm vom Baum herunter!
Biblische Spiele für Gottesdienst, Schule und Gruppe
120 Seiten. Kartoniert
ISBN 3-7867-1747-8

Noah, bau dir eine Arche!
Biblische Spiele nach dem Alten Testament für Gottesdienst, Schule und Gruppe
160 Seiten. Kartoniert
ISBN 3-7867-1858-X

Matthias-Grünewald-Verlag
Postfach 30 80 · 55020 Mainz

Jetzt auch im Internet:
http://www.gruenewaldverlag.de